新市民

实用手册

（2015年版）

本书编写组◎编著

XIN SHIMIN
SHIYONG SHOUCE

中国工人出版社

图书在版编目（CIP）数据

新市民实用手册 / 本书编写组编著. — 北京：中国工人出版社, 2014.11
ISBN 978-7-5008-5970-3

Ⅰ. ①新… Ⅱ. ①本… Ⅲ. ①城市—生活—中国—手册 Ⅳ. ① D669.3-62

中国版本图书馆 CIP 数据核字（2014）第 260352 号

新市民实用手册

出 版 人 李庆堂
责任编辑 郭 铁
责任校对 赵贵芬
责任印制 栾征宇
出版发行 中国工人出版社
地　　址 北京市东城区鼓楼外大街 45 号 邮编：100120
网　　址 http://www. wp-china. com
电　　话 （010）62350006（总编室） （010）62005039（营销出版部）
（010）62382916（职工教育分社）
发行热线 （010）62005996 （010）82075964（传真）
经　　销 各地书店
印　　刷 三河市万龙印装有限公司
开　　本 660 毫米 × 960 毫米 1/16
印　　张 10
字　　数 148 千字
版　　次 2015 年 1 月第 1 版 2015 年 3 月第 2 次印刷
定　　价 18.00 元

前言

我的城市，我的家

每个人的心里都有一个家，也许远在天涯，也许就在脚下。对千百万在城市中拼搏的新市民来说，这座城市，这个我们曾经为她的靓丽、繁华、舒适、优雅而奉献青春和才智的地方，已然成为我们的家园。我们在建设的过程中，将自己与这座城市紧密地连在了一起。城市为我们提供了住所、工作、施展的平台，护佑着我们的健康，维护着我们的权益，保障着我们的安全。我们只有融入这座城市，才能感受到现代文明的优越，才能与祖国的伟大复兴共同成长。

城市是人类文明的主要组成部分，是伴随人类文明与进步发展起来的。随着我国的不断发展，城市化进程正在加快，新市民融入城市是解决城市化问题的关键环节。“新市民”的主体是农村进城务工人员，他们是我国城市建设的主力军和生力军，为城市的现代化建设贡献了自己的聪明才智，立下了不可磨灭的功劳，理应受到尊重，理应享受与城市居民同等的权利和待遇。新近下发的《国务院关于进一步做好为农民工服务工作的意见》，对农民工市民化提出了具体指导意见：“按照工业化、信息化、新型城镇化、农业现代化同步发展的要求，积极探索中国特色农业劳动力转移道路，着力稳定和扩大农民工就业创业，着力维护农民工的劳动保障权益，着力推动农民工逐步实现平等享受城镇基本公共服务和在城镇落户，着力促进农民工社会融合，有序推进、逐步实现有条件有意愿的农民工市民化。”从农民工转变到“新市民”，这不仅仅是称谓的改变，还要具备一定的文化素质，需要在文化修养、个人礼仪方面多进行培训和教育。更重要的是，要让农民工真正地融入城市生活，有一份稳定的工作，与其他市民享受同样的养老、医疗、教育、交通、住房等社会资源和社会保障，帮助他们提升就业创业能力。

一直以来，各地工会都出台了相关的政策、实施了各项举措，培养农民工的市民意识、家园意识，增强了他们适应城市生活的本领，使他们能够在城市中体面劳动、全面发展。基于此，我们组织编写了《新市民实用手册（2015年版）》一书，从新市民融入城市生活、求职就业、权益指导、职业安全与职业健康、应急避险、心理健康、工会服务、网络生活、文明礼仪9个方面进行了系统的整理和提炼，以便给新市民提供一本具有实际帮助作用的手册，方便他们快速融入城市生活，实现体面劳动、全面发展。

《新市民实用手册（2015年版）》一书编写过程中，得到了李景安、刘雪花、刘少文、刘艳玲、杜小彦、宋春霞、陈鹏、陈超、朱霖、匡仲潇、滕宝红等同志的帮助和支持。另外，本书还参阅了相关书籍和行业网站资料，在此一并表示感谢。

本书编写组

2015年1月

目录

第1章　新市民融入城市生活指导

如何落户、如何租房、积分入户有何要求，子女入学需要哪些资料，如何选择医院看病，这些都是与新市民日常生活息息相关的问题。

第2章　新市民求职就业指导

如何才能找到一份理想的工作，如何在求职过程中避免受骗，如何在工作中学到更多的知识，是每一位新市民都希望了解的知识。

第3章 新市民权益指导

新市民一定要学会运用法律来合法维权，一定要具备基本的法律知识。

第4章 新市民工会服务指导

新市民如何通过工会维权，提高技能，获得更多的就业信息，保障女职工权益，获得法律援助，如何加入工会，是每位新市民都应该了解的知识。

第5章 新市民职业安全与职业健康指导

如何保障职业安全，如何避免职业病的危害，关系到每个劳动者个人和家庭的幸福与安全。新市民一定要了解相关的安全健康知识。

第6章 新市民应急避险指导

如何在突发事件中保证自身安全，挽救他人生命和财产安全，是新市民需要了解的知识。

第7章 新市民心理健康指导

健康，不仅是身体的健康，心理健康也是不可分割的一个组成部分。新市民在重视身体健康的同时，千万不要忽视了心理健康。

第8章 新市民网络生活指导

信息化时代给人带来便利的同时，也带来了很多困惑，比如如何识别不安全因素，如何保证自身信息、财产安全。新市民在学习如何利用网络资源的同时，也要学会在网络上保护自己的安全。

第9章 新市民文明礼仪指导

孔子曰：不学礼，无以立。文明礼仪是律己、敬人的一种行为规范，是表现对他人尊重和理解的过程和手段。文明礼仪，不仅是个人素质、教养的体现，还是个人道德和社会公德的体现，更是城市的形象、国家的脸面。

附 录

第1章

新市民融入城市生活指导

如何落户、如何租房、积分入户有何要求，子女入学需要哪些资料，如何选择医院看病，这些都是与新市民日常生活息息相关的问题。

1. 如何在城市落户

1.1 什么是户口迁移证

户口迁移证是公民户口所在地变动时，由原户口所在地迁往新落户地址的凭证。由户口迁出地的公安机关（高校由校公安派出所）开具。持证人到达迁入地后，须在有效期内将户口迁移证交给户口登记机关申报入户。户口迁移证是公民在户口迁移过程中的重要凭证，公民要妥善保管，不得遗失、涂改以及转借，若不慎将户口迁移证遗失，应立即报告当地户口登记机关。

1.2 什么样的人需要办理户口迁移证

新生、转学学生迁入户口，毕业、退学、转学迁出户口，学校集体户口转为家庭户口，补办户口迁移证，户口迁移证过期办理，居民、职工家属城镇户口申报落户，成建制单位搬迁落户，征用土地落户等，以上情况都需要办理户口迁移证。

1.3 居民户口迁移

居民户口迁移的手续与资料如表1-1所示：

表1-1 居民户口迁移的手续与资料

序号	类别	说明
1	居民、职工家属城镇户口申报落户	由本人持落户申请书、被投靠人所在单位或街道办事处出具的证明、投靠人原籍户籍证明、结婚证原件及复印件、双方身份证复印件、投靠人原籍街道办事处出具的无业证明（投靠人户口是兵团的，由兵团劳动和社会保障局出具无业证明），到所在地派出所申报，由户籍警核实后填写“申请入户审批表”的签署意见，并由户籍警给申报人填写《办理户口、居民身份证责任书》交申报人，申报材料经所长审核后，上报分（县）公安局审批并打印准迁证下发各派出所，申报人凭《办理户口、居民身份证责任书》回执领取准迁证
2	居民、职工家属申报“农转非”落户	由本人持落户申请书、被投靠人所在单位或街道办事处出具的证明、投靠人原籍户籍证明、结婚证原件、复印件、双方身份证复印件（投靠人户口是兵团的，由兵团劳动和社会保障局出具无业证明），到所在地派出所申报，由户籍警核实后填写“申请入户审批表”的签署意见，并由户籍警给申报人填写《办理户口、居民身份证责任书》交申报人，申报材料经所长审核后，上报分（县）公安局审批并打印准迁证下发各派出所，申报人凭《办理户口、居民身份证责任书》回执领取准迁证
3	成建制单位搬迁落户	由申请单位向所在地政府提交报告，市公安局根据政府批准文件和落户花名册审核提出意见，报政府批准，由市公安局会同有关单位批准后，到派出所落户
4	征用土地落户	由单位持政府批文和征地公告、征地协议、安置协议、落户人员花名册、由市公安局根据政府的批文、计委下发的计划，到市公安局去申请落户，待市公安局批准后，到派出所落户

1.4 如何才能顺利积分入户

《国家新型城镇化规划（2014-2020年）》提出，不仅要放开小城镇落户限制，也要放宽大中城市落户条件。大中城市可设置参加城镇社会保险年限的要求，但最高年限不得超过5年。特大城市可采取积分制等方式设置阶梯式落户通道调控落户规模和节奏。

“积分入户”并非全新事物，深圳、广州、上海早已进行“积分入户”试点探索。2011年，广州、深圳就已全面开展积分入户工作。

2. 如何租到合适的房子

新市民刚到一个城市，从事工作需要一个稳定的住所，怎样找房子就变成了头等难事。在租房子时，新市民需要注意以下几点：

（1）租房子不要太看重配套设施，有无空调等其实不重要，你可以算一笔账，一个月省下100元，一年下来完全可以为房间安装一个空调了。

（2）租房子要选口碑好的房屋中介公司，要注意有些中介不规范，一开始承诺精装修，但实际看房子的时候才可能发现房子根本不是承诺的样子。

（3）如果决定要租房子，一定要在租房前看好房屋是否有什么问题，并在与中介签订的合同中说明问题是自入住之日起就有的。

（4）如果选择合租，那么一定要了解合租人的品行，以便日后更好相处。

特别提示

目前，全国各地大力推进以公租房为重点的保障性住房建设，以逐步解决够不上廉租房条件、又暂时买不起房的新市民的住房难题。因此，你可以关注自己是否具备申请公租房的条件。

3. 如何办理流动人口婚育证明

流动人口婚育证明是证明流动人员的身份，了解其婚姻、生育、落实节育措施、计划生育奖罚等情况的证件，以便于有关部门的管理和服务，也便于提供相关的政策咨询，了解孕情、环情，免费发放避孕药具，以及提供国家规定的其他计划生育服务。

现在，各地都规定外出务工、经商或者以生育为目的异地居住一定期限以上的18～49周岁的成年流动人口，需领取《流动人口婚育证明》。

新市民在办理好《流动人口婚育证明》并交给居住地计划生育部门后，便可成为计划生育管理服务的对象，可以在当地享受计划生育、生殖健康服务，不用回原户籍地接受避孕节育情况的检查。此外，按规定有关部门在审批流动人口暂住证、营业执照、务工许可证等证件时，要查验《流动人口婚育证明》，没有《流动人口婚育证明》的，不予批准。对拒不按规定办理、交验《流动人口婚育证明》的，当地可依照有关规定予以罚款。

由于各地《流动人口婚育证明》的办理不尽相同，请向当地有关部门咨询办理。

4. 如何办理居住证

居住证是我国一些城市借鉴发达国家“绿卡”制度进行的积极尝试。目前北京、上海、深圳、青岛、西安等城市为引进人才，都相继出台了工作居住证制度。持有居住证者，在工作、生活等方面可享受当地居民的待遇。由于各地居住证办理所需条件及相关流程不同，请向当地有关部门咨询办理。

相关链接

全国主要城市居住证办理条件

1. 北京

所学专业或岗位属于北京市急需专业或岗位，且具备下列条件的人员可申请北京市工作居住证：

（1）符合规定条件的申报单位连续聘用满6个月以上。

（2）具有2年以上工作经历并取得学士（含）以上学位或具有中级（含）以上专业技术职称或相当资格、资质。

（3）在北京市有固定住所。

（4）男性不超过60周岁，女性不超过55周岁。

2. 上海

符合下列条件的来沪人员，可以按规定申请办理《上海市居住证》：

（1）在本市合法稳定居住。

（2）在本市合法稳定就业，参加本市职工社会保险满6个月。具体条件为申请当月处于就业及缴纳本市职工社会保险状态，且申请当月前12个月内累计缴纳本市职工社会保险费满6个月（不含补缴）；或者因投靠具有本市户籍亲属、就读、进修等需要在本市居住6个月以上。

3. 广州

流动人员应当自到达居住地之日起3个工作日内持本人居民身份证或者其他有效身份证明向居住地的街（镇）出租屋管理服务中心申报居住登记。已经申报居住登记的流动人员，应当发给居住证。有下列情形之一的，依本人申请，可以发给居住证：

（1）未满16周岁或者已满60周岁的。

（2）在居住地就医、探亲、旅游、出差的。

（3）在本市全日制教育机构学习的。

（4）已办理旅馆业住宿登记的。

4. 深圳

居住证分为《深圳市居住证》和《深圳市临时居住证》。

（1）已满16周岁并符合下列条件之一的人员发给《深圳市居住证》：

——在深圳市从业，包括就业（含家政服务）、投资兴办企业或者其他经济组织。

——在深圳市内拥有所居住房屋的产权。

——符合深圳市有关办理人才居住证、海外人才居住证条件。

——在深圳市创业并具备相应的技术或者资金条件或者在深圳市从事文化艺术创作。

——市政府规定的其他情形。

（2）已满60周岁的非深圳市户籍人员和在深圳全日制办学机构中接受教育的非深圳市户籍学生申办居住证的发给《深圳市居住证》。

不符合前二款规定条件的非深圳市户籍人员，发给《深圳市临时居住证》。

5. 如何办理子女入学

许多城市都实行新市民子女入学积分制度，符合条件的新市民将享受与本地市民一样的子女入学待遇。

新市民子女入学积分管理是指对在该市工作或居住的非本地户籍人员进行积分管理，凡办理居住证满一定期限的新市民经本人申请，都可纳入新市民积分管理。根据新市民积分管理相关规则：当申请人积分符合条件时，其未成年子女可按相关规定入读该市公办幼儿园和义务教育阶段公办学校。由于各地具体要求不一，请向当地有关部门咨询办理。

6. 如何选择医院看病

新市民合理选择医院，是早看病，看好病，少花钱，降低风险的重要前提。新市民应根据自身的病情、地理位置、经济情况来合理选择。科学选择医院应该遵循“小病就近及时医、大病选择专业大型医院专家医”的基本原则。

所谓小病，指的是常见疾病，如感冒、发烧、咳嗽等疾病，表现出来的症状较轻。此时应该及时到就近的社区门诊或专业小型医院就诊，一是可以节省到大医院排队等候、办理手续的时间成本和精力，二是相应降低就医的费用。同时，就近就医更加方便患者及时得到治疗。

对于大病重病，首先是一个确诊的过程，如何得知自己得的是大病呢?首先是症状反应严重，其次是通过化验检查得出了初步结论，三是在附近社区门诊或小型医院诊断后，但无治疗办法或无法确诊，就需要及时选择大型医院就诊，以免贻误病情。

此外，新市民会面临公立医院和民营医院的选择，综合性医院和专科医院的选择。首先要确定准备就医的医院为合法正规的医院，有着良好的口碑和信誉。再根据自身的时间安排、经济情况、地理位置的远近，以及对服务的要求等来进行选择。

7. 如何享受社会保险

7.1 什么是社会保险

社会保险是指国家对劳动者在因年老、疾病、伤残、死亡、失业而减少劳动收入时给予经济补偿，使他们能够享有基本生活保障的一项制度。社会保险主要包括养老保险、失业保险、医疗保险、工伤保险和生育保险五大险种。

7.2 如何缴纳社会保险

（1）有工作单位的个人，可通过单位缴纳社会保险。具体办法一般由所在单位的相关部门具体办理，个人需缴纳的费用一般从当月工资中扣除。具体情况可咨询所在单位的人事或财务部门。

特别提示

我国的社会保险目前尚处于地区统筹阶段，地区不同，基数和比例都有差别。如果需详细了解，需到相关社保部门咨询办理。

（2）个人可以以自由职业者的身份缴纳社会保险。

参保条件：城镇户口或农转非户口。

办理地点：当地社区街道的社保服务点，或区县一级的社保局（劳动保障局）。

个人缴纳社保所需基本资料：户口本、身份证和复印件，2张1寸照片。

7.3 领取养老保险的条件

职工达到法定退休年龄且累计缴纳养老保险满15年可领取养老保险。

法定退休年龄的规定是：企业职工男年满60周岁，女年满50周岁，女干部年满55周岁即达到退休年龄。从事井下、高温、高空、特别繁重体力劳动或其他有害身体健康工作的，男年满55周岁，女年满45周岁可以退休。因病或非因工致残，由医院证明并经劳动鉴定委员会确认完全丧失劳动能力的，退休年龄为男年满50周年，女年满45周岁。

达到退休年龄，应该按规定办理退休手续，没有办理退休手续仍然从事工作的，领取工作收入的不能领取养老金。

特别提示

这里指的是个人缴费和企业缴费都要满15年。如果企业按规定缴费并计入社会统筹账户，而个人没有按规定缴费并计入个人账户，也不能领取养老金。

7.4 领取工伤保险的条件

由于工作原因导致的伤害，就是工伤，一般包括工业事故和职业病两种情况。

认定工伤的情形有以下几种：

（1）在工作时间和工作场所内，因工作原因受到事故伤害的。

（2）工作时间前后在工作场所内，从事与工作有关的预备性或者收尾性工作受到事故伤害的。

（3）在工作时间和工作场所内，因履行工作职责受到暴力等意外伤害的。

（4）患职业病的。

（5）因工外出期间，由于工作原因受到伤害或者发生事故下落不明的。

（6）在上下班途中，受到非本人主要责任的交通事故或者城市轨道交通、客运轮渡、火车事故伤害的。

（7）法律、行政法规规定应当认定为工伤的其他情形。

特别提示

职工有下列情形之一的，视同工伤：

（1）在工作时间和工作岗位，突发疾病死亡或者在48小时之内经抢救无效死亡的；

（2）在抢险救灾等维护国家利益、公共利益活动中受到伤害的；

（3）职工原在军队服役，因战、因公负伤致残，已取得革命伤残军人证，到用人单位后旧伤复发的。

7.5 如何用医疗保险看病

需要门诊就医或住院治疗时，可持社会保险局核发的社会医疗保险卡，到指定医院就诊——医保定点医院（或居保定点）。这样的医院靠统一的医保系统读卡处理。

用医保卡看病，不再像以前那样凭发票"报销"，而是医保系统通过读卡，识别持卡人的缴费情况、人员身份情况，在门诊缴费或出院结算时，系统自动按规定的支付比例，划取持卡人医保卡上个人账户金额或收取就医人现金，也就是用医保卡看病不交现金或少交的现金就是社保给"报销"了。至于具体的支付比例、条件都是统一的医保系统设定好的，不会因个人原因或医院原因而改变。持卡人个人不需要操心，自己和单位只要按时缴费就行了。

7.6 如何使用生育保险

（1）生育险的报销条件。

生育险的报销需要满足几个条件，一是必须连续缴纳1年以上（部分地区是6个月以上），二是在生育前必须持续缴纳生育保险并且是在职员工。也就是说如果辞职或者断交的话，生育险就无法报销。

（2）如何报销。

生育险的报销分两个部分，一是医疗报销，比如检查费用、生产费用等，都可以通过生育险来报销。二是生育津贴，是补贴员工在产假期间的薪资。生育险一般都需要把单据和相关证明统一提交给用人单位，由单位向社保提交报销申请，社保会把相关费用打入单位账户，再由单位发放给个人。

当然还有一些特殊的情况，比如女方没有缴纳生育险，而男方一直在缴纳并且满足报销的条件，那可以用男方的生育险来报销，一般可以报销50%的医疗报销，但是生育津贴就无法领取了。

另外有一些地方政策是可以个人买生育险的，这种就可以自己申请报销生育险了。具体的情况，可以咨询当地的社保中心。

7.7 如何使用失业保险

（1）领取失业金的条件。

领取失业金，要求具备以下条件：按照规定参加失业保险，所在单位和本人已按照规定履行缴费义务满1年的；非因本人意愿中断就业的；已办理失业登记，并有求职要求的。失业人员必须同时满足上述条件，才能申请领取失业保险金及其他待遇。

（2）失业保险金的给付期限。

失业保险金的给付期限，是由失业人员失业前所在单位和本人按照规定累计缴费时间决定的。满1年不足5年的，最长不超过12个月；满5年不足10年的，最长不超过18个月；10年以上的，最长不超过24个月。

8. 公共服务有哪些

新市民融入城市的过程，实质是公共服务均等化的过程。公共服务由政府主导提供，是保障公民生存和发展基本需求的公共服务。新市民可享受到以下公共服务。

8.1 劳动就业服务

新市民可从公共就业服务机构获得其免费提供的法律、法规咨询，求职、职业培训信息，对就业困难人员实施的就业援助。同时，新市民不再交纳进城就业的不合理收费，包括：暂住费、暂住（流动）人口管理费、计划生育管理费、城市增容费、劳动力调节费、外地务工经商人员管理服务费和外地（外省）建筑（施工）企业管理费等。

8.2 社会保险服务

为使新市民在流动就业中的社会保障权益不受损害，解决新市民的后顾之忧，政府正在逐步推行全国统一的社会保障卡，在国家、省、市（地）三级建设社会保障卡中心及其支持系统，十二五期间将发放8亿张，覆盖60%以上人口。同时，改善社保关系转移接续、异地就医结算等经办服务。

8.3 基本公共教育服务

为解决跨省工作的新市民子女不在当地中考或高考的问题，国务院规定以“流入地政府为主、普惠性幼儿园为主”，全面解决新市民随迁子女义务教育问题，同时推进“两个全部纳入”政策：将包含新市民子女在内的常住人口全部纳入区域教育发展规划，将新市民子女义务教育发展经费全部纳入财政保障范畴，足额拨付教育经费。此外，困难家庭的学生还可以获得免费中等职业教育、普通高中教育、学前教育资助等服务。

8.4 基本医疗卫生

为保障新市民平等享有基本医疗卫生，政府正在建立公共卫生服务体系，以保证每个地级市都至少有一所综合医院达到三级医院水平，每个县（市、区）都至少有一所医院达到二级甲等医院水平；推广新型农村合作医疗定点医疗机构的经验，方便新市民在城务工期间就近就医和及时补偿；落实输入地属地化管理责任，将外来打工者纳入当地公共卫生服务体系。

8.5 基本住房保障

为逐步满足新市民的基本住房需求，实现住有所居，政府将继续加大保障性安居工程建设力度，增加保障性住房供应，实行保障性住房分散配建和集中建设相结合，多渠道建设廉租住房；面向有一定支付能力的家庭，适当发展经济适用住房和限价商品住房。推行以单套建筑面积40平方米左右的小户型为主的公共租赁住房，在“十二五”期间增加的公共租赁住房不低于1000套。

8.6 公共文化体育

为保障新市民看电视、听广播、读书看报、上网、参加大众文化活动和体育健身等权益，解决新市民生活中的“孤岛化”“边缘化”现象，政府在“十二五”时期免费开放基层公共文化体育设施，进一步扩大公共图书馆、文化馆（站）、博物馆、美术馆、纪念馆、科技馆、工人文化宫、青少年宫等免费开放范围；免费提供基本的广播电视服务和突发事件应急广播服务；重点支持公共体育场建设，加快建设中小型全民健身中心和灯光球场，充分利用城市绿地、广场、公园等公共场所和适宜的自然区域建设全民健身活动设施。

相关链接

社区图书馆

随着我国公共文化服务体系不断完善，社区图书馆如雨后春笋般在各城市的小区内出现，由于服务灵活，被居民亲切地称为“身边的图书馆”。社区图书馆是为一定地域内的所有居民服务的具有公益性、教育性、休闲性等特征的读书阅读场所。社区图书馆既是读书阅读的场所，也是参加文化沙龙、各种讲座、培训班的平台，具有培育社区文化、传递实用信息、开展社会教育、开发闲暇时间等作用。

9. 如何获得公共服务

为使新市民更好地融入城市生活，国家制定了一整套的相关政策和规定，新市民获得这些公共服务有以下几个办法。

9.1 关注政府提供的相关信息

政府是提供公共服务的主导者，是新市民了解如何获得公共服务的主要信息来源。新市民可以通过政府公报、政府网站、新闻发布会以及报刊、广播、电视等方式了解当地政府提供的各项公共服务内容和获得的办法。

9.2 关注市场化的公共服务供给

政府不可能包办所有的公共服务，因此有部分公共服务是通过市场化的方式实现的，特别是在公共文化体育等方面，市场化程度较高。比如新市民需要读书、看电影、进行体育运动等活动时，可以通过市场化的公共服务提供者获得相关服务。

9.3 有针对性地咨询对应的服务部门

公共服务涉及的领域十分广泛，新市民可以根据自身的需要，对相关服务进行针对性的了解。比如想了解自己如何获得养老保险金，可以向当地的社保机构咨询；想进行职业教育的新市民则可以与当地的社会保障部门沟通。目前政府相关的服务部门都有对外服务电话，新市民也可在政府网页上查找相应的服务电话。

9.4 多参与，多贡献

我国的公共服务还处于起步阶段，基本公共服务供给不足、发展不平衡的问题仍然存在，建立健全基本公共服务体系仍然面临许多困难和挑战。在这个过程中，新市民应积极参与，多做贡献，只有把大家的力量团结在一起，努力提升基本公共服务水平和均等化程度，推动经济社会协调发展，才能让大家共享改革成果。

第2章

新市民求职就业指导

如何才能找到一份理想的工作，如何在求职过程中避免受骗，如何在工作中学到更多的知识，是每一位新市民都希望了解的知识。

1. 外出打工前应做哪些准备

1.1 心理准备

首先要相信自己，遇到困难要百折不挠；期望值不能太高，要做好吃苦的准备；出门在外，与不同的人相处要学会接纳和包容；要互帮互助，共同解决遇到的问题。

1.2 证件准备

外出打工前需要准备的证件：

（1）身份证。这是我国所有年满16岁公民最基本的证件，由户口所在地公安机关办理。

（2）学历证。包括毕业证、肄业证和结业证。如果你的学历证已丢失，可以到原来上学的学校补办一个学历证明。

（3）职称证书和荣誉证书。如果你有专业技术或相应技术职称，或曾在一些专业赛上得到过奖励，则应带上这些证书，这会对外出求职有一定的帮助。

以上证件，最好复印几套备用。另外，还要准备几张一寸、二寸正面免冠照片。不要把自己的身份证借给别人，也不要借用别人的身份证。伪造或借用他人身份证找到工作的，根据法律属欺诈行为。用人单位可以随时和劳动者解除劳动关系并且不用支付赔偿金。使用假身份证也无法办理社保手续。

1.3 要了解各地法定最低工资

国家为保障劳动者的收入，订立了最低工资标准，外出前要先了解各地最低工资水平是多少。

注：有些城市因为市区、郊区的发展水平不同而执行不同的最低工资标准，较高的是市区内的，而较低的是市区外围及郊区的。

2. 如何得到靠谱的招聘信息

目前，我国人才和劳动力市场体系已经日趋完善。新市民要利用好各种招聘信息，谋求就业。

2.1 招聘会

目前的招聘会主要是大型综合招聘会和规模比较小的专业人才招聘会。大型的招聘会一般按季度举办，比如深圳春季人才招聘大会。专业人才招聘会，参加的单位通常都来自特定行业，前来的新市民也多以该行业和职业为求职目标。

2.2 报纸杂志

在报纸和刊物寻找职位信息是最常见的求职方式。刊登求职信息的报纸一般分为大众类报纸和专门的人才类报纸。报纸招聘一般地域性比较强，职位多是针对本地读者发布的。

2.3 招聘网站

新市民通过互联网，可以更加快速、便捷地了解用人单位的招聘信息，寻求就业机会。新市民只要在人才招聘网站中找到中意的职位就可以发送简历。

2.4 职介机构

通过提供专业服务的职业介绍机构获得就业信息。职介机构一般与用人单位有密切的联系，会举办定期的招聘会，新市民往往会在其中发现良好的就业机会。

相关链接

如何辨别“黑中介”

怎样擦亮你的眼睛，将“黑中介”打回原形呢?

（1）正规职介会将各类证件原件悬挂在墙壁上，收费标准明示；黑职介则没有这些相关证件，更不明示收费标准。

（2）正规职介的工作人员会佩戴资格证、上岗证；黑职介的员工则没有这些证件，也不会佩戴。

（3）正规职介不会承诺绝对会给你找到工作；黑职介则满口承诺。

（4）如果给中低端职位提供明显高于本地一般水平薪资的，要多加注意了。

（5）拿不准这个公司是否正规的时候，可以上网搜索一下。现在网络信息发达，如果有什么问题，网上可能会有相应的信息，可以作为参考。

（6）正规的公司招聘，不会要求求职者交以押金、体检费、培训费为名目的任何费用，并且也不会要求押身份证、学历证明等证件。

（7）办公室挂复印件。按照劳动部门的规定，职业中介必须证照齐全：劳动部门核发的“职业中介许可证”，工商部门颁发的工商执照。两证必须使用原件，必须悬挂在办公场所最显眼处，以确保“一证一点”。

2.5 直接求职

新市民如果认为自己适合某用人单位的某岗位，直接上门求职也是一种途径。这种方式可以帮助自己快速了解应聘单位的有关情况，切实感受工作环境。

2.6 亲朋介绍

由于介绍者多是亲戚朋友，对应聘者各方面情况比较了解，所以其成功率较高。

3. 如何应聘工作

3.1 如何准备个人资料

（1）个人信息，主要包括姓名、地址、固定电话、移动电话、电子邮件。

（2）求职目标尽可能具体，针对应聘的公司和职位，要充分表现出自己在这方面的优势和特长。

（3）工作经历。熟手比新手受欢迎，内行比外行受欢迎。

（4）奖励情况。注意强调奖励的级别。

（5）专业特长及工作成果，应该一项一项列出，可以编号，重要的在前，次要的在后。

（6）各种证书、成果复印件应作为简历附件附在后面。

3.2 如何通过笔试或面试

（1）如何准备笔试

①在笔试之前，对应聘单位有深入的了解，保持良好的身心状态，减轻思想负担，可大致翻阅一些有关的资料。

②写好姓名。做题前一定要先将自己的姓名等个人情况写清楚，以免百密一疏，白白地做了一回“无名英雄”。

③卷面整洁。答卷时应注意卷面整洁、字迹清晰、行距有序、段落齐整、版面适度。有时用人单位并不特别在意应聘者考分的稍许高低，而是从中观察考生是否具有认真的态度、细致的作风。

④关闭手机等通讯工具，以免有作弊的嫌疑或给用人单位留下了一个不严谨的印象，将直接影响到笔试的成绩。

（2）面试前准备

①接到面试通知电话时，一定要问清楚应聘的公司名称、职位、面试地点、时间等基本信息。

②上网了解该公司的相关背景，包括企业所属行业、产品、项目、发展沿革、组织结构、企业文化、薪酬水平、员工稳定性、发生的关键事件等。

③了解应聘职位情况，包括应聘职位的名称、工作内容和任职要求等。

④估算路途时间，最好提前5～10分钟到达面试地点。

（3）面试常见问题

①介绍一下你自己。你最大的优点和缺点是什么？请你介绍一下你的家庭。

②为什么选择这个工作？你对加班有何看法？你对薪资有何要求？

③如果你这次没有被录用，你怎么打算？

④对于我们公司，你了解多少？你能为我们公司带来什么呢？你对行业发展趋势有何看法？

⑤你为何要离开原来的公司？

4. 签订劳动合同时的注意事项

目前单位用工都要签订劳动合同，但大多数人对相关政策不太了解，在签订合同时总是心存顾虑。签订合同时需要注意下面几件事。

4.1 仔细了解情况，莫签不知情合同

《劳动合同法》规定，招用劳动者时，应当如实告知工作内容、条件、地点、职业危害、安全生产状况、劳动报酬等情况。打工者签订劳动合同前，应尽量对用人单位的这些情况以及企业文化、发展趋势、员工管理等进行全面了解，尽量与资质和声誉较好的单位签订劳动合同。

4.2 签约落在纸上，莫签口头承诺合同

《劳动合同法》规定，建立劳动关系，应当订立书面劳动合同。口头约定一旦发生纠纷，双方各执一词，打工者往往有口难辩。所以，打工者要主动提出签订书面劳动合同。如单位不签，可向当地劳动保障部门反映并由其督促签订。

4.3 查清用人资格，莫签主体不适格合同

事先了解单位名称、法人是谁等情况，注意与具备用工主体资格的人签订劳动合同。建筑工程项目部、项目经理、包工头等都不具备用工

主体资格。

4.4 细读合同条款，莫签条款不全合同

《劳动合同法》规定，劳动合同应当具备单位名称、住所和法定代表人；劳动者姓名、住址和居民身份证号码；合同期限；工作内容和地点；工作时间和休息休假；劳动报酬；社会保险；劳动保护、劳动条件和职业危害防护等。外出打工，可向劳动保障部门索取规范合同文本，避免遗漏重要条款。若单位事先起草了文本，要仔细阅读报酬、岗位、试用期、合同终止与解除等重要条款以及岗位说明书、劳动纪律、工资支付规定等规章制度。

一份具有法律效力的劳动合同，首先签订合同的程序应符合法律规定，并且应当用书面的形式予以确认，合同至少应一式两份，双方各执一份，求职者应妥善保管自己的劳动合同。在劳动合同的内容上，求职者一定要先确认自己签订的劳动合同是否具备产生法律约束力的条件，包括用人单位应是依法成立的劳动组织，能够依法支付工资、缴纳社会保险、提供劳动保护条件，并能承担相应的民事责任等。

5. 怎么开始创业

5.1 创业有哪些素质要求

创业是一件极具吸引力的事情，同时也充满了挑战性，想要迎接挑战，创业者必须拥有一定的素质。

（1）心理素质

心理素质是指创业者的心理条件，包括自我意识、性格、气质、情感等心理构成要素。作为创业者，一定要自信和自主，性格坚强、果断和开朗。

（2）身体素质

身体素质是指身体健康、体力充沛、精力旺盛、思路敏捷。创业与经营是艰苦而复杂的，工作繁忙、时间长、压力大，如果身体不好，必然力不从心，难以承受创业重任。

（3）知识素质

创业者应该具有多方面知识，能用足、用活政策。

①依法行事，用法律维护自己的合法权益。

②了解科学的经营管理知识和方法，提高管理水平。

③掌握与本行业相关的科学技术知识，依靠科技进步增强竞争能力。

④具备市场经济方面的知识，如财务会计、市场营销、国际贸易、国际金融等。

（4）能力素质

创业者至少应具有创新能力、分析决策能力、预见能力、应变能力、用人能力、组织协调能力、社交能力、激励能力。

当然，并不是创业者必须完全具备这些素质才能去创业。但是创业者本人要有不断提高自身素质的自觉性和实际行动。提高素质的途径：一靠学习，二靠自我改变的意愿。

5.2 创业基本程序是什么

自主创业不是一时的冲动行为，仅靠热情的创业几乎不可能成功。创业有它自身的规律和基本程序，遵循基本程序，创业成功的可能性就会增大，创业过程中就会少走弯路。

（1）精选项目

①面对眼花缭乱的创业项目，把握的原则是：没有最好的，只有最适合自己的。

②选定项目时，最好选择熟悉的、兴趣和特长优势所在的行业，要考虑市场现有的机会、未来发展趋势、经济承受能力等。

（2）详订计划

详细的计划是对创业过程的模拟演习，是创业思想和创业行动的具体化。好的计划是创业成功的一半。创业计划对创业实践活动指导作用的大小主要受到以下因素影响：

①创业计划是否详实。

②创业计划是否建立在深入调查研究的基础上。

③创业计划是否对各方面因素进行了充分考虑。

④创业计划是否提出风险预防控制方案。

（3）筹措资金

资金是创业的物质基础，没有资金创业活动无从开展，创业计划无法实施。一定要处理好量力而行和积极利用外来资金的关系，不要苦于缺乏资金而让自己裹足不前，也不要不顾实际贪大求全，要提高资金使用效率和风险投资意识。

（4）办理证照

创业要有实体作为运作的组织形式，即证照齐全才能开业。主要办理的手续与证照有：工商登记注册领取营业执照、税务登记领取税务登记证以及办理银行开户手续等。

（5）创业实施

创业实施是创业的具体运营活动，是整个创业活动的重点和难点。创业者要随时对人、财、物等资源进行调配，对产、供、销等环节进行统筹和整合，对生产技术和工艺流程进行改进和创新，对企业经营管理策略进行调整运用，对不断出现的新问题寻求解决的办法和技巧。

6. 如何选择一个好的创业项目和合伙人

6.1 如何选择一个好的创业项目

在激烈的市场竞争中，一个微乎其微的信息可能就是一个优秀的创业项目，可以获得可观的经济利益。好的创业项目等于一个好的开始，成功创业靠的就是好的创业项目，那么应该如何选择创业项目呢?

（1）适合自己的才是最好的

俗话说“隔行如隔山”。新市民在选择创业项目的时候，要尽量选择与自己的专业、经验、兴趣、特长相符合的创业项目。兴趣是最好的老师，只要你对某项事情感兴趣一般都容易做到事半功倍。此外，创业项目一定要选择自己熟悉的行业，这样才能够在创业之路上坚持下去。

目前市场上一些“小本经营”的项目，可帮创业者开阔思路。

①餐饮食品：投资2万元可做奶茶店老板；2万元开家社区小厨房。

②咨询服务：3000元办水电维修中心。

③服装时尚：1000元开办擦鞋服务；1万元开外贸服饰折扣店。

④美容护养：1000元开办花卉护理中心；3万元开家美甲店。

⑤玩具投资：5万元开拼图小店或玩具租赁店。

⑥宠物经济：3万元起家做宠物生意。

⑦数码科技：2万元开一家自拍照相吧。

⑧日化家居：8万元开家眼镜店。

当然，所有这些项目，都应该有一个策划案——要详尽，有创意，可操作。

（2）市场前景决定成败

创业者需要具备一定的市场洞察能力，在确定创业项目之前，要考察当地市场，了解市场的特征与需求。有些产品虽然需求大，但成本高、利润低，不利于资本的积累。有的行业可能市场已经饱和或者处于产品生命的衰退期。

（3）周密考察、科学取舍

创业项目本身是否科学也是创业成功的关键。在这个信息泛化的时代，许多人都是根据信息来选择项目的。不过，千万不能人云亦云，对信息一定要进行考察、分析，没有实地考察和对现有的经营情况进行了解，不要轻易投资。

6.2 如何选择合伙人

人有所长，必有所短。选择的时候要看清对方的长处和缺点，以后合作也要学会包容对方的短长，取别人的长补自己的短。想做出点成绩，就得有做事情的开放心态。

寻找合伙人的核心就是互补性，团队之中各司其职的基础就是各个合伙人拥有不同的技能和特质，相辅相成，从而达到一种平衡，才能让团队合作的紧密性和效率达到最高。

7. 如何使用政府的创业基金

创业基金是指政府为了鼓励创业，用于企业创业辅导和服务，支持技术创新，鼓励专业化发展以及开拓国际市场专门设立的基金。一般有财政贴息和创业基金两种。创业基金是吸收政府投资的最理想方式，也是新市民创业最值得争取的筹资方式。

利用政府资金，不用担心投资方的信用问题，而且一般都是免费的，降低或者免除了筹资成本。不过申请创业基金有严格的程序要求，政府每年的投入有限，需面对其他筹资者的竞争。因此，创业者应认真了解和学习政府有关的产业政策和扶持政策，严格按照规定程序提交申请资料，少走弯路；有优势的创业项目和完善的创业计划书是获得投资的关键，一定要做好申请的准备工作。

相关链接

创业小额担保贷款

创业小额担保贷款是指通过政府出资设立担保基金，委托担保机构提供贷款担保，由经办商业银行发放，以解决符合一定条件的待就业人员从事创业经营自筹资金不足的一项贷款业务，包括自谋职业、自主创业或合伙经营和组织起来创业的开办经费和流动资金。

1. 创业小额担保贷款申请条件

一般情况下，要想申请创业小额担保贷款首先都要参加一个创业培训，然后再向创业者户口所在地的社区劳动保障部门提交一份《小额担保贷款申请书》。当然除了这份小额担保贷款申请书以外，你还需要身份证、就业或者失业登记证、项目报告、毕业证以及当地担保机构所要求的各项材料。各地区政策都不同。

就全国范围内而言，符合条件的申请人的范围包括高校毕业生、返乡务工人员，以及持有效证件的复员军人，还有劳动保障部门核准的失业人员。

大多数创业小额担保贷款的额度都比较小，最高上线也就是8万～10万元，贴息贷款的时限较短，一般是两年，但到期后可申请延期，延期期间需自付利息。

基本上这种创业小额担保贷款会要求提供第三者进行担保，但创业者应当注意的有三点。一是夫妻之间不能互相担保；二是贷款地以外户籍的人士不能担保；三是离退休人员不能进行担保。

2. 申请额度和期限

国家规定个人申请额度最高不超过5万元，各地区对申请小额担保贷款额度有不同规定，许多地区额度还高于5万元。合伙经营贷款额度更大。贷款担保的期限一般不超过2年，可延期一年。

8. 创业中需注意的事项

8.1 创业有哪些关键环节

（1）选择熟悉行业

每个行业都存在看得见和看不见的差别，每个行业都有自身的经营规律。选择熟悉的行业，就能拥有更多的信息，知道产品为什么有市场、有前途，知道不同产品的差别及客户的需求，在瞬息万变的市场竞争中能够做出正确的判断和决策。

（2）编写创业计划书

创业计划书的主要内容，具体如表2-1所示。

表2-1　创业计划书主要内容

序号	类别	具体内容	备注
1	计划摘要	一般包括公司介绍、主要产品和业务范围、市场概貌、营销策略、生产管理计划、管理者及其组织和财务计划、资金需求等内容	列在创业计划书的最前面，涵盖了计划的要点，以求一目了然，以便读者能在最短的时间内评审计划并做出判断
2	产品（服务）介绍	（1）产品的概念、性能及特性 （2）主要产品介绍 （3）产品的市场竞争力 （4）产品的研究和开发过程	在进行投资项目评估时，投资人最关心的问题之一就是企业的产品、技术或服务能在多大程度上

（续表）

序号	类别	具体内容	备注
2	产品（服务）介绍	（5）发展新产品的计划和成本分析 （6）产品的市场前景预测 （7）产品的品牌和专利	解决现实生活中的问题
3	人员及组织结构	对公司结构做简要介绍，包括公司的组织结构图、各部门的功能与责任、各部门的负责人及主要成员、公司的报酬体系、公司的股东及投资比例、公司的董事会成员及背景资料等	高素质的管理人员和良好的组织结构是管理好企业的重要保证，一个企业必须具备负责产品设计与开发、市场营销、生产作业管理、企业理财等方面的专门人才
4	市场预测	市场现状综述、竞争厂商概览、目标顾客和目标市场、本企业产品的市场地位、市场区隔和特征等内容	对市场需求进行预测，对企业所面对的竞争格局进行分析
5	营销策略	市场机构和营销渠道的选择、营销队伍及管理、促销计划和广告策略、价格决策等内容	对创业企业来说，由于产品和企业的知名度低，因此不得不暂时采取高成本低效益的营销策略
6	制造计划	产品制造和技术设备现状、新产品投产计划、技术提升和设备更新要求、质量控制和质量改进计划等内容	
7	财务规划	创业计划书的条件假设、预计的资产负债表、预计的损益表、现金收支分析、资金的来源和使用等内容	一份好的财务规划对评估创业企业所需的资金数量，提高创业企业取得资金的可能性是十分关键的

（3）成立企业必做事项

①工商注册登记。创业者在从事某项生产经营活动之前，首先要申请登记，领取营业执照，取得合法经营权。未经核准登记的经营活动，是不合法的。工商登记的条件，主要包括以下几项：

◎经营者必须具有经营能力并且是国家政策允许的人员。

◎除流动性项目外，必须有开展生产经营活动的固定场所和地点。

◎必须拥有与经营规模相适应的自有资金。

◎必须有必要的从业人员。

◎必须是常年经营。

◎必须有明确的、符合国家规定的生产经营范围。

②贷款。创业需要贷款。对个体经营者和私营企业来说，一般要具备以下条件：

◎要有县级以上工商部门核发的营业执照。

◎生产经营符合国家政策并接受银行监督。

◎有稳定的生产经营场地和必要的设施。

◎有良好的生产经营能力和预期的经营效益。

③保险。保险种类繁多，按保险对象可分为财产保险和人身保险。

④税务。

我国税法规定企业必须在领取营业执照之日起30日内到税务机关办理税务登记手续。税务登记是确定纳税人履行纳税义务的法定手续，有利于税务机关及时了解纳税人基本情况，也有利于纳税人明确自己的纳税责任，保证税收政策和法规的正确执行。

（4）投资测算

创业企业一般要在几个月以后才会有利润，所以创业事先要投入一笔资金。创办企业的资金主要构成有：

①设备购置费：生产设备、办公设备等。

②建筑费：房屋装修、场地租金等。

③预付款：营业证照办理费、验资评估费、房租押金等。

④材料购置费：原材料、半成品、产成品等占用的资金。

⑤周转资金：工资、广告推广费、偿还债款、原材料购置等。

综合核算以上几个部分的构成，可以较为准确地估计前期投资所需的资金。

（5）风险控制

控制风险最简便的方法就是采用盈亏平衡分析法。盈亏平衡分析法是进行总产量计划时常使用的一种定量分析方法。

当一个企业盈亏平衡的时候，它的收入仅能抵得上成本；任何低于盈亏平衡点的收入，都将使企业面临亏损；任何高于盈亏平衡点的收入，都能让企业盈利。

8.2 创业常见误区有哪些

自主创业并不容易，将会长期面临决策、繁重工作、市场和技术的压力，甚至要面对挫折和失败。成功的创业者属于那些无论遇到多少艰难险阻仍勇往直前的人。

自主创业本身存在风险，大多数时候可能还会以失败告终，但并不是赌博，不仅仅全是靠运气和偶然。创业过程中的风险是有备之险，大多是可以预测和可控的。

创业者常见八大误区：独自创业；进入自己不熟悉的行业；只研究行业的成功者；以绩效为核心，管理可以慢慢来；小公司不必打造务虚的企业文化；我们还小，所以能为客户提供的服务有限；小企业无法进行创新；要控制局面，就必须实现绝对领导。

创业者最常犯八个错误：缺乏诚信与商业道德；赌性代替了实干精神；缺少战略思维；没有大局观，盲目多元化；用错误的方式管理合伙人，缺乏合伙人管理的智慧；优柔寡断，偏听偏信；急功近利，好大喜功；老板个人的随意化及情绪式管理。

第3章

新市民权益指导

新市民一定要学会运用法律来合法维权，一定要具备基本的法律知识。

1. 如何签订劳动合同

当劳动者与用人单位产生纠纷时，劳动合同就成为处理双方争议的重要法律依据，劳动合同不是可签可不签的事，而是建立劳动关系依法办事的要求。

劳动合同应当以书面形式订立。双方就劳动合同的内容达成一致意见后，逐项填写并签字盖章后，即具有法律约束力。

1.1 试用期间也要签订劳动合同

目前用人单位聘任时都会设定一个试用期，在这个期间内，劳动者可以离开用人单位，不需要承担违约责任，而用人单位必须能举证证明劳动者不符合录用条件才可以解除劳动合同。劳动合同应该在试用期之前签订，试用期是劳动合同的一部分，包含在劳动合同的期限内。

试用期时间的长短与劳动者的合同期限相关。《劳动合同法》第十九条规定：劳动合同期限三个月以上不满一年的，试用期不得超过一个月；劳动合同期限一年以上不满三年的，试用期不得超过二个月；三年以上固定期限和无固定期限的劳动合同，试用期不得超过六个月。同一用人单位与同一劳动者只能约定一次试用期。以完成一定工作任务为期限的劳动合同或者劳动合同期限不满三个月的，不得约定试用期。试用期包含在劳动合同期限内。劳动合同仅约定试用期的，试用期不成立，约定的试用期即为劳动合同期限。签订劳动合同时应注意在合同上注明试用期的长短。

1.2 试用期的待遇如何定

《劳动合同法》第二十条规定："劳动者在试用期的工资不得低于本单位相同岗位最低档工资或者劳动合同约定工资的百分之八十，并不得低于用人单位所在地的最低工资标准。"在试用期阶段劳动者有权享受各项社会保险。一些用人单位为了降低成本，不为试用期的劳动者缴纳社会保险是违法的。

1.3 警惕用工陷阱

用人单位不得向劳动者收取押金，不得以身份证、学历学位证书等作为抵押。违约金只有用人单位为劳动者提供专项培训费用，并与之依法约定服务期的情形，以及依法约定竞业限制义务的情形，可以约定违约金。除此情况外，用人单位不得收取其他形式的违约金。

1.4 用人单位在哪些情形下，应与劳动者签订无固定期限劳动合同

用人单位与劳动者协商一致，可以订立无固定期限劳动合同。用人单位在如图3-1所示的情形下，应与劳动者订立无固定期限劳动合同。

情形一	在该单位已连续工作满10年
情形二	用人单位初次实行劳动合同制度或者国有企业改制重新订立劳动合同时，在该用人单位连续工作满10年且距法定退休年龄不足10年的
情形三	与用人单位连续订立两次固定期限劳动合同，没有严重违反用人单位的规章制度的

图3-1 用人单位应订立无固定期限劳动合同的情形

1.5 签订劳动合同时，用人单位可否收取押金或扣押身份证等证件

在签订劳动合同时，用人单位不应收取押金或扣押身份证等证件。

如果用人单位因为提供了工作中所需要的物品，而收取证件、押金等，也是违法的。同时，用人单位也不能以提供了简单的上岗培训为名，收取培训费用。如果用人单位收取押金，那么劳动者应当索要并保管好收条或收据，并向当地人力资源和社会保障部门反映。

1.6 哪些劳动合同无效或者部分无效

作为劳动者，应了解哪些劳动合同无效或者部分无效，主要包括：

（1）以欺诈、胁迫的手段或者乘人之危，使对方在违背真实意思的情况下订立或者变更劳动合同的。

（2）用人单位免除自己的法定责任、排除劳动者权利的。

（3）违反法律、行政法规强制性规定的。

2. 如何解除劳动合同

2.1 何种情形下，劳动者可以要求解除劳动合同

当用人单位有如图3-2所示的违法情形时，劳动者可以要求其解除劳动合同。

情形一	经劳动合同当事人协商一致，劳动合同可以解除
情形二	没有按照劳动合同约定提供劳动保护或者劳动条件
情形三	没有及时足额支付劳动者的工资
情形四	没有依法为劳动者缴纳社会保险费
情形五	用人单位的规章制度违反法律、法规的规定，损害了劳动者的权益
情形六	用人单位以欺诈、胁迫的手段或者乘人之危，使劳动者在违背真实意思的情况下订立或者变更劳动合同的
情形七	其他可以解除劳动合同的情形

图3-2　用人单位违法情形

2.2 何种情形下，用人单位可以解除劳动合同

劳动者有如图3–3所示的情形时，用人单位可以解除劳动合同。

情形一	经劳动合同当事人协商一致，劳动合同可以解除
情形二	在试用期内被证明不符合录用条件
情形三	严重违反了用人单位的规章制度
情形四	严重失职，营私舞弊，给单位造成重大损害
情形五	同时在其他单位工作，对完成本单位的工作任务造成了严重影响，或者经用人单位提出，劳动者拒不改正
情形六	劳动者以欺诈、胁迫的手段或者乘人之危，使单位在违背真实意思的情况下与其签订或者变更劳动合同
情形七	被依法追究刑事责任

图3–3　劳动者被解除合同的情形

2.3 劳动者在哪些情形下可以立即解除劳动合同，且无需事先告知用人单位

如果用人单位以暴力、威胁或者非法限制人身自由的手段，强迫劳动者劳动，或者用人单位违章指挥、强令冒险作业危及个人人身安全的，劳动者可以立即解除劳动合同，不需要事先告知用人单位。

2.4 用人单位在哪些情形下，不能单方面解除劳动合同

用人单位不得单方面解除劳动合同的情形，具体如图3–4所示。

情形一	职工工作可能接触到职业病危害的，对职工没有进行离岗前职业健康检查，或者职工属于疑似职业病病人、在诊断或者医学观察期间的
情形二	职工在本单位患职业病或者发生工伤，并被确认丧失或者部分丧失劳动能力的

情形三	职工患病或者非因工负伤，在规定的医疗期内的
情形四	女职工在孕期、产期、哺乳期内的
情形五	职工在本单位连续工作满15年，且距法定退休年龄不足5年的

图3-4　用人单位不得单方面解除劳动合同的情形

2.5 劳动合同在哪些情形下可以终止

劳动合同可以终止的情形，具体如图3-5所示。

情形一	双方签订的劳动合同期已满
情形二	劳动者开始依法享受基本养老保险待遇的
情形三	劳动者死亡，或者被人民法院宣告死亡或者宣告失踪的
情形四	用人单位被依法宣告破产的
情形五	用人单位被吊销营业执照、责令关闭、撤销或者用人单位决定提前解散的
情形六	法律、行政法规规定的其他情形

图3-5　劳动合同可终止的情形

3. 劳务派遣人员如何保障自身权益

劳务派遣，作为一种新的用工形式正在各地悄然兴起，成为目前解决失业和富余人员就业的一种有效途径。法律明确规定，劳务派遣单位是法定用人单位，应承担相应法律责任，用工单位也需承担连带赔偿责任。

3.1 劳务派遣易出现的问题及劳动者的应对策略

（1）劳动关系不清晰。劳务派遣单位与用工单位签订劳务派遣协议，用工单位不直接与劳动者签订劳动合同，劳动者劳动关系和工作岗位分别属于两家单位。

（2）工资支付不透明。由于劳动者的劳动关系和工作岗位分属两家，出现部分劳务型企业及用工单位随意克扣工资，不按月发放工资、不按规定结付加班工资等情况，劳动者的权益受侵害后责任主体不明确。

（3）社会保险不参加。有的用工单位利用劳务派遣的用人形式，逃避社会保险义务，而劳务型公司又不为劳务人员办理参保手续，不缴纳社保费，或者是让劳务人员自己承担全部的社保费。

（4）同等劳动不同报酬。劳务人员在用工单位往往成为另类，从事的是苦、脏、累、重的工作，报酬待遇低，不享受用人单位的奖金和福利等。

（5）工作时间不规范。有的用工单位对劳务人员任意安排加班加点工作，工作时间大大超过国家规定，并且不按规定支付加班加点工资，还把违法责任推卸给劳务派遣单位。劳务派遣单位为与用工单位维持劳务派遣关系，不敢帮劳务人员维权。

新市民在面对劳动派遣用工方式时，应与派遣单位与用工单位积极沟通，就双方的用工方法、薪酬水平进行了解。同时注意了解派遣单位的资质，在用工单位工作期间注意保留工作证、工作凭证等资料。

3.2 用工单位应承担的法律责任

实际上，在重大劳动纠纷时，实行劳务派遣并不能使用工单位规避其应尽的责任和义务，因为在责任处理方面，法律已经给用工单位所应承担的责任做了明确规定。

（1）《劳动合同法》第九十二条规定：劳务派遣单位违反本法规定，给被派遣劳动者造成损害的，劳务派遣单位与用工单位承担连带赔偿责任。例如，未足额支付工资、未支付加班工资等，被派遣劳动者可以向劳务派遣单位索赔，也可以向用工单位索赔。

（2）《侵权责任法》第三十四条规定：劳务派遣期间，被派遣的工作人员因执行工作任务造成他人损害的，由接受劳务派遣的用工单位承担侵权责任；劳务派遣单位有过错的，承担相应的补充责任。

（3）在涉及劳务派遣的劳动仲裁、诉讼中，应将劳务派遣单位和用工单位作为一方当事人或第三人。例如，劳动者仅向用工单位主张加班工资，劳动仲裁未将劳务派遣单位列为当事人，那么在诉讼中，法院应当追加劳务派遣单位作为一方当事人或第三人。

4. 如何使用工伤保险

4.1 哪些工伤费用应从工伤保险基金中支付

因工伤发生的费用，按照国家规定，应从工伤保险基金中支付。具体为：

（1）治疗工伤的医疗费用和康复费用。

（2）住院伙食补助费。

（3）到统筹地区以外就医的交通食宿费。

（4）安装配置伤残辅助器具所需费用。

（5）生活不能自理的，经劳动能力鉴定委员会确认的生活护理费。

（6）一次性伤残补助金和一至四级伤残职工按月领取的伤残津贴。

（7）终止或者解除劳动合同时，应当享受的一次性医疗补助金。

（8）因工死亡的，其遗属领取的丧葬补助金、供养亲属的抚恤金和因工死亡补助金。

（9）劳动能力鉴定费。

4.2 哪些工伤费用应由用人单位支付

劳动者因工伤发生的下列费用，按照国家规定由用人单位支付：

（1）治疗工伤期间的工资福利。

（2）五级、六级伤残职工按月领取的伤残津贴。

（3）终止或者解除劳动合同时，应当享受的一次性伤残就业补助金。

4.3 劳动者在哪些情形下不能享受工伤保险待遇

劳动者如果丧失享受工伤保险待遇条件的，或者拒不接受劳动能力鉴定的，或者拒绝治疗的，将不能享受工伤保险待遇。

4.4 哪些情形可以认定为工伤

职工在用人单位工作期间，因下列原因导致身体受到了伤害，应当认定为工伤。具体为：

（1）在工作时间和工作场所内，因工作原因受到事故伤害的。

（2）工作时间前后在工作场所内，从事与工作有关的预备性或者收尾性工作受到事故伤害的。

（3）在工作时间和工作场所内，因履行工作职责受到暴力等意外伤害的。

（4）患职业病的。

（5）因工外出期间，由于工作原因受到伤害或者发生事故下落不明的。

（6）在上下班途中，受到非本人主要责任的交通事故或者城市轨道交通、客运轮渡、火车事故伤害的。

（7）法律、行政法规规定应当认定为工伤的其他情形。

4.5 哪些情形可以视同为工伤

职工在用人单位工作期间，因如下原因导致身体受到伤害或死亡的，可视同为工伤。具体为：

（1）在工作时间和工作岗位，突发疾病死亡或者在48小时之内经抢救无效死亡的。

（2）在抢险救灾等维护国家利益、公共利益活动中受到伤害的。

（3）职工原在军队服役，因战、因公负伤致残，已取得革命伤残军人证，到用人单位后旧伤复发的。

4.6 哪些情形不得认定为工伤或者视同工伤

职工有下列情形之一的，不得认定为工伤或者视同工伤：

（1）故意犯罪的。

（2）醉酒或者吸毒的。

（3）自残或者自杀的。

4.7 什么是停工留薪期，期限应有多长

停工留薪期是指职工因工作遭受事故伤害或者患职业病，需要暂停工作接受工伤医疗的时间。在停工留薪期内，原工资、福利、保险等待遇不变，由所在单位按月支付。停工留薪期一般不超过12个月。伤情严重或者情况特殊，经市级劳动能力鉴定委员会确认，可以适当延长，但延长不得超过12个月。

4.8 职工因工死亡，应享受哪些待遇

职工因工死亡，其近亲属按照下列规定，从工伤保险基金领取丧葬补助金、供养亲属抚恤金和一次性工亡补助金：

（1）丧葬补助金为6个月的统筹地区上年度职工月平均工资。

（2）供养亲属抚恤金按照职工本人工资的一定比例，发给由因工死亡职工生前提供主要生活来源、无劳动能力的亲属。标准为：配偶每月40%，其他亲属每人每月30%，孤寡老人或者孤儿每人每月在上述标准的基础上增加10%。核定的各供养亲属的抚恤金之和，不应高于因工死亡职工生前的工资。供养亲属的具体范围由国务院社会保险行政部门规定。

（3）一次性工亡补助金标准为上一年度全国城镇居民人均可支配收入的20倍。

5. 女职工如何保障自身权益

5.1 女职工可以享受多长时间的产假

《女职工劳动保护特别规定》中对产假的规定，具体为：

（1）女职工生育享受98天产假，其中产前可以休假15天。

（2）难产的，增加产假15天。

（3）生育多胞胎的，每多生育1个婴儿，增加产假15天。

（4）女职工怀孕未满4个月流产的，享受15天产假。

（5）怀孕满4个月流产的，享受42天产假。

（6）晚育产假，由各省、自治区、直辖市根据本省计划生育条例

规定。

5.2 女职工怀孕流产享受多少天产假

流产是指妊娠不足28周、胎儿体重不足1000克而终止妊娠。流产发生在妊娠12周前是早期流产，发生在妊娠12周至不足28周的是晚期流产。流产后女性同样需要休息调养一段时间才能康复。对此，《女职工劳动保护特别规定》规定：女职工怀孕未满4个月流产的，享受15天产假；怀孕满4个月流产的，享受42天产假。

5.3 生育或流产其工资如何支付

女职工结婚、怀孕、生育和哺乳子女的行为，不单纯是女职工个人的私事，还关系到家庭的和睦、社会的稳定、民族的繁衍和国家的持续发展。对此，《女职工劳动保护特别规定》规定：女职工产假期间的生育津贴，对已经参加生育保险的，按照用人单位上年度职工月平均工资的标准由生育保险基金支付；对未参加生育保险的，按照女职工产假前工资的标准由用人单位支付。

5.4 职工的哺乳时间是如何规定的

哺乳期指女职工生产后，对未满1周岁的婴儿进行哺乳的时期。这期间是法定女职工给婴儿进行哺乳的时间（包括人工喂养和母乳喂养）。《女职工劳动保护特别规定》规定：用人单位应当在每天的劳动时间内为哺乳期女职工安排1小时哺乳时间；女职工生育多胞胎的，每多哺乳1个婴儿每天增加1小时哺乳时间。哺乳时间算作劳动时间。

5.5 哺乳期内用人单位不得安排其从事哪些劳动

女职工生育至哺乳期内，身体恢复需要一定的时间，同时承担着哺乳婴儿的责任，女职工的身体健康直接影响到下一代的健康。对此《女职工劳动保护特别规定》规定：对哺乳未满1周岁婴儿的女职工，用人单位不得延长劳动时间或者安排夜班劳动。

6. 如何解决劳动争议

劳动争议又称劳动纠纷，是指劳动关系当事人之间因劳动权利和义务分歧引起的纷争。

6.1 劳动争议仲裁的时效

《劳动争议调解仲裁法》规定：劳动争议申请仲裁的时效期间为1年，仲裁时效期间从当事人知道或者应当知道其权利被侵害之日起计算。

6.2 劳动争议的范围

除《劳动争议调解仲裁法》规定的劳动争议范围外，根据《最高人民法院关于审理劳动争议案件适用法律若干问题的解释（二）》，以下情形也属于劳动争议的范围：

（1）劳动者与用人单位解除或者终止劳动关系后，请求用人单位返还其收取的劳动合同定金、保证金、抵押金、抵押物产生的争议，或者办理劳动者的人事档案、社会保险关系等移转手续产生的争议，经劳动争议仲裁委员会仲裁后，当事人依法起诉的，人民法院应予受理。

（2）劳动者因为工伤、职业病，请求用人单位依法承担给予工伤保险待遇的争议，经劳动争议仲裁委员会仲裁后，当事人依法起诉的，人民法院应予受理。

特别提示

下列纠纷不属于劳动争议：

①劳动者请求社会保险经办机构发放社会保险金的纠纷。

②劳动者与用人单位因住房制度改革产生的公有住房转让纠纷。

③劳动者对劳动能力鉴定委员会的伤残等级鉴定结论或者对职业病诊断鉴定委员会的职业病诊断鉴定结论的异议纠纷。

④家庭或者个人与家政服务人员之间的纠纷。

⑤个体工匠与帮工、学徒之间的纠纷。

⑥农村承包经营户与受雇人之间的纠纷。

6.3 如何提出劳动仲裁

根据相关文件规定，申请劳动仲裁程序如下：

首先由本人提出书面申诉，劳动仲裁委员会将审查其申诉是否符合受理条件，并在7日内作出立案或不予受理的决定，对不予受理的，仲裁委员会发给《不予受理决定书》，说明不予受理的理由。对决定立案的，劳动仲裁委员会则发给申诉人《受理案件通知书》和《开庭通知》，申诉人需在案件受理后5日内向劳动仲裁委预交仲裁费，案件庭审过程有调查阶段、辩论阶段、调解阶段、裁决阶段等几个程序。劳动争议仲裁实行一裁两审制，即当事人对仲裁委员会作出的仲裁裁决不服的，可在接到裁决书之日起15日内向所在地基层人民法院起诉，对基层人民法院作出的一审裁决不服的，可在接到判决书之日起15日内向本市中级人民法院上诉。

具体的材料准备如下：

当事人向仲裁委员会申请仲裁，应当提交申诉书，并按照被诉人数提交副本。申诉书应用钢笔或签字笔书写，并应载明下列事项：

①职工当事人的姓名、职业、住址和工作单位；企业的名称、地址和法定代表人的姓名、职务；

②仲裁请求和所根据的事实和理由；

③证据（人证、物证、书证、视听资料、鉴定材料、笔录等）或证人的姓名和住址。

当事人可以委托律师或其他人代理参加仲裁活动。

向用人单位所在地的劳动争议仲裁委员会提出书面申请，三人以上（含三人）向市劳动争议仲裁委员会提出申请。

仲裁裁决一般应在收到仲裁申请的六十日内作出。对仲裁裁决无异议的，当事人必须履行。

劳动争议当事人对仲裁裁决不服的，可以自收到仲裁裁决书之日起十五日内向人民法院提起诉讼。一方当事人在法定期限内不起诉又不履行仲裁裁决的，另一方当事人可以申请人民法院强制执行。

6.4 仲裁委员会如何处理劳动争议

仲裁委员会处理劳动争议，实行仲裁员、仲裁庭制度。

仲裁委员会处理劳动争议，应当组成仲裁庭。仲裁庭由3名仲裁员组成，简单的劳动争议，可以由一名仲裁员独任审理。

仲裁庭审理劳动争议案件，应于开庭4日前，将仲裁庭组成人员、开庭时间、地点的书面通知送达当事人。

仲裁庭审理劳动争议案件应当先行调解。

仲裁庭开庭裁决，一般按《仲裁委员会办案规则》第27条规定的程序进行，仲裁庭作出裁决后，应制作仲裁裁决书。当庭裁决的，应当在7日内发送裁决书。定期另庭裁决的，当庭发给裁决书。

6.5 企业劳动争议调解委员会调解程序

调解委员会受理当事人调解申请后，一般按以下程序进行调解：

（1）及时指派调解员对争议事项进行全面调查核实，并做好调查笔录；

（2）由调解委员会主任主持召开有争议双方当事人参加的调解会议，简单的争议，可由调解委员会指定1–2名调解员进行调解；

（3）调解委员会充分听取争议双方当事人陈述，查明事实，分清是非，依法公正调解；

（4）调解达成协议的，制作调解协议书；调解不成的，也应做好记录，并在调解意见书上说明情况。调解委员会调解劳动争议，应当自劳动争议双方当事人申请调解之日起30日内结束，到期未结束的，视为调解不成。

第4章

新市民工会服务指导

新市民如何通过工会维权，提高技能，获得更多的就业信息，保障女职工权益，获得法律援助，如何加入工会，是每位新市民都应该了解的知识。

1. 有困难找工会

中华全国总工会及其各工会组织代表职工的利益，依法维护职工的合法权益。维护职工合法权益是工会的基本职责。工会在维护全国人民总体利益的同时，代表和维护职工的合法权益。

相关链接

工会的职能有哪些

《工会法》第六条规定，“维护职工合法权益是工会的基本职责。工会在维护全国人民总体利益的同时，代表和维护职工的合法权益”。维护职工的合法权益是工会的性质决定的。在维护全国人民总体利益的同时维护职工的合法权益是工会的基本职责，也是工会在维护职工合法权益时应当遵循的原则。

由此可见工会的职能有：

（1）维护职能

工会的维护职能就是工会要维护职工群众的合法权益，这是工会最基本的职能，也是最主要的职能。

（2）建设职能

工会的建设职能是指工会动员和组织广大职工群众参加建设和改革，努力完成经济和社会发展任务。

（3）参与职能

工会的参与职能就是工会要发挥职工群众参政议政的民主渠道作用，代表和组织职工参与国家和社会事务管理，参与企业、事业和机关的民主管理。

（4）教育职能

工会的教育职能是指工会帮助职工不断提高思想道德素质和科学文化素质，建设有理想、有道德、有文化、有纪律的职工队伍。

相关链接

职工书屋

职工书屋是中华全国总工会为保障广大职工特别是一线职工、农民工的基本文化权益，丰富基层职工精神文化生活，在全国工会开展的一项重要文化工程，是一件公益工程。从2008年开始，全总开始建立职工书屋。通过每年建立1000家示范点，同时带动各级工会建设职工书屋10000家的办法，目前已在全国建立7000个示范点，带动各地建立7万家职工书屋。

全国总工会出资援建的职工书屋基本标准是：藏书量3000册、报刊20种以上，电子音像制品不少于80种（张），有可上网电脑，由同级工会调配专（兼）职工作人员从事职工书屋的日常管理。各地工会根据企业实际情况因地制宜、分类指导建设职工书屋，可通过小型图书角、书架、流动书箱等创新模式和灵活适用的方式为流动性较大的一线职工提供阅读学习条件。

2. 工会是维权的有效途径

企业、事业单位违反劳动法律、法规规定，有下列侵犯职工劳动权益情形，工会应当代表职工与企业、事业单位交涉，要求企业、事业单位采取措施予以改正；企业、事业单位应当予以研究处理，并向工会作出答复；企业、事业单位拒不改正的，工会可以请求当地人民政府依法作出处理：

（1）克扣职工工资的;

（2）不提供劳动安全卫生条件的;

（3）随意延长劳动时间的;

（4）侵犯女职工和未成年工特殊权益的;

（5）其他严重侵犯职工劳动权益的。

2.1 工会维权的法律机制

（1）平等协商和集体合同

工会代表职工与企业、事业单位的行政及产业部门、雇主及雇主团体之间就劳动报酬、工作时间、休息休假、劳动安全卫生、保险福利等进行协商谈判，并在协商一致的基础上签订书面协议，这个协议被称为集体合同。

（2）职工代表大会

这是职工行使民主管理权力的机构。通过职工代表大会，职工群众参与企业的民主决策、民主管理和民主监督，共商企业大事，反映自己的基本需求，民主评议干部，使职工的政治与民主权利得到落实。

2.2 工会的法律维权途径

（1）工会提供法律援助

工会组织把农民工作为法律援助的重点对象，主要提供几个方面的帮助：帮助并指导农民工会员签订劳动合同；为农民工会员提供法律事务的咨询；为农民工会员代写或审查相应的法律文书；代理发生劳动争议的农民工会员提起仲裁和诉讼。

（2）城际间工会就业维权联盟

城市工会通过采取相互支援、相互支持的方式进行协作，每年定期和不定期地举行会议，对重大侵权案件加强沟通联系，采用“集体会诊”或“邀请出诊”等方法，利用工会维权的资源优势，降低工会维权成本，增强维权效果。

（3）双向维权

由县、乡农民工工会联合会向农民务工集中地派出工作机构，接受当地工会组织和派出单位的双重领导，联手维权，形成输出地与输入地工会双向维护农民工合法权益的新机制。

（4）困难职工帮扶中心

困难职工帮扶中心是工会协助党和政府解决困难职工生产生活问题的重要载体，是工会为党和政府分忧、为困难职工服务的窗口，可以解决困难职工在就业、生活、医疗、住房、子女上学等方面遇到的实际困难和问题。目前全国10个省级总工会，235个地市级总工会和700多个县级总工会及部分行业工会建立了困难职工帮扶中心，经验收合格的省、地市级困难职工帮扶中心已达200个。

3. 困难职工帮扶中心有哪些服务内容

困难职工帮扶中心是协助党和政府解决困难职工生产生活问题的重要载体。困难职工帮扶中心坚持面向职工，及时帮扶，快捷准确，释疑解惑，根据本地实际创造性地开展帮扶，通过信访接待、政策咨询、法律援助、职业介绍、职业培训、小额贷款、特困求助等多种形式和途径，为困难职工提供直接、快捷、方便的帮助和服务，积极与政府有关部门和社会各方面协调配合，以促进再就业为重点，帮助解决困难职工在就业、生活、医疗、住房、子女上学等方面遇到的实际困难和问题。

相关链接

春风行动

全国总工会开展的春风行动，是专门为进城农民工提供就业服务的，在全国各地相继启动，内容包括为农民工提供就业机会、保障农民工的合法权益以及整顿劳动力中介机构等。

春风行动的目的是为新市民搭建供需平台促进转移就业。其活动开展时间一般为当年的1至3月份。

4. 工会如何保障女职工权益

《妇女权益保障法》第5条规定， 工会应当在自己的工作范围内做好妇女权益保障工作。因此，工会在保障妇女权益方面也负有重要职责。

当前，企业各级工会组织不断加强，源头参与，把维护女工权益纳入法制化的轨道上来，在建立女工维权机制上狠抓落实下功夫。

4.1 注重源头参与、理顺劳动关系

在推行平等协商和集体合同中，各级工会把女职工特殊权益和劳动保护作为专项条款写入集体合同中，并做到“四个必须”，即在企业平等协商的过程中，必须有女职工代表参加；在集体合同履约进行检查和修改过程中，必须有工会女职工委员会的参与和意见；在劳动争议调解委员会中，必须有工会女职工委员会委员；在各级工会召开的会员或职工代表中，女职工代表所占的比例必须同女职工在全体职工中所占的比例基本相同。

4.2 普及法律知识，提供法律援助

充分利用法律咨询、法律知识竞赛、法律知识培训等形式，组织女职工进行《劳动合同法》《工会法》和《妇女权益保障法》等法律法规知识的宣传教育活动。同时，在有条件的单位女工组织中，成立法律援助中心，为女职工提供法律援助。

4.3 不断提高女职工的综合素质和自我保护能力

帮助女职工解放思想，更新观念，树立正确的世界观、人生观和价值观。

努力克服传统女性角色带来的自卑心理和依赖思想，增强自信心，实现心理素质的自我更新。

加强业务技能培训，多渠道组织女职工学文化、学科学、学技术、学管理，提高知识水平，掌握劳动技能。

通过抓“四自”教育、职业道德教育、社会公德教育、家庭美德教育，开展“巾帼建功立业”竞赛活动，在女职工中选出更多的岗位明

星、技术能手和创新能手，从而促进女职工整体素质的提高。

4.4 依法帮助女职工解决实际困难，把维权工作落到实处

（1）维护女职工合法的劳动权，为女职工争取更多的就业机会和岗位，与男职工同工同酬。

（2）维护女职工的荣誉权，在竞聘、提职、评优中，女职工都应占有合理比例。

（3）维护女职工休息休假和特殊劳动保护权利，严格按照国家的法规政策和企业的规章制度，将女职工的特殊保护政策落到实处。

（4）关心女职工在婚姻、家庭和感情生活中的实际困难，特别是对“五期”（经期、孕期、产期、哺乳期、更年期）女工、下岗女工、离异单身女工、伤病残职工家属和低于城镇居民最低生活保障线的特困女工，给予更多的关心、体贴和照顾，建立长效救助机制，及时伸出援助之手，把组织的温暖真正送到她们的心坎上。

5. 工会如何提供法律援助

5.1 工会可以提供的帮助

工会主要提供几个方面的帮助：

（1）帮助并指导会员签订劳动合同；

（2）为农民工会员提供法律事务的咨询；

（3）为农民工会员代写或审查相应的法律文书；

（4）代理发生劳动争议的农民工会员提起仲裁和诉讼。

5.2 城际间工会就业维权联盟

2004年1月12日，成都、石家庄、福州、温州四城市总工会共同签订了《城际间工会法律援助合作协议》，在全国工会系统率先开展城际间工会维权协作。四城市工会以签订协议的方式，各方按协议履行权利义务。通过采取相互支援、相互支持的方式进行协作，每年定期和不定期地举行会议，对重大侵权案件加强沟通联系。经过不断发展，到2014年止，已在23个城市建立了城际间工会维权联动机制。

5.3 “12351”职工维权热线

全国工会“12351”职工维权热线于2004年10月15日在全国正式开通。这一热线的受理范围主要涉及职工对有关劳动、法规和政策等方面的咨询；职工对需要帮扶及解决生活困难的求助；职工对侵害自身合法权益行为的控告、申诉；职工对紧急突发事件和重大安全事故的报告；其他涉及职工合法权益的问题。全国工会“12351”职工维权热线在全国总工会和省（自治区、直辖市）总工会、地（市）总工会三级开通运行，在全国约有350个点，服务对象为全国职工。拨打本地区职工维权热线电话只需直拨“12351”。

特别提示

【工会依法支持劳动者维权】工会依法维护劳动者的合法权益，对用人单位履行劳动合同、集体合同的情况进行监督。用人单位违反劳动法律、法规和劳动合同、集体合同的，工会有权提出意见或者要求纠正；劳动者申请仲裁、提起诉讼的，工会依法给予支持和帮助。

6. 如何加入工会

6.1 加入工会要符合三个条件

加入工会要符合图4-1所示三个条件：

条件一 **以工资收入为主要生活来源**

这是工人阶级的主要标志。进城务工的劳动者也是以工资收入为主要来源，具备工人阶级的基本特征，符合加入工会的这个条件

条件二　**承认中国工会章程**

承认《中国工会章程》是职工入会的前提。工会章程规定了会员的权利、义务，明确了工会的社会职能、组织制度等，规范了会员思想行为的准则。每个申请入会的职工，承认《中国工会章程》，正确行使会员的权利，认真履行会员的义务，才能将全体会员组织起来，保持工人阶级和工会组织的团结统一

条件三　**自愿申请入会**

职工自愿申请入会，既是对工会的认识问题，又是对工会的态度问题，同时也是对成为正式会员后行使会员权利和履行会员义务的一种庄严承诺

图4-1　加入工会的三个条件

6.2 加入工会很方便

（1）加入工会不需要介绍人介绍。

（2）加入工会不需要进行考验。经自愿申请，符合条件，基层工会批准后，即成为工会会员，不需要进行考察，也没有考验期、预备期。

（3）加入工会没有工龄限制。只要以工资收入为主要生活来源，符合工会章程规定的入会条件，不受工龄限制，都可以申请加入工会。

（4）只要承认《中国工会章程》，自愿申请入会，没有被剥夺政治权利，以工资收入为主要生活来源，就可以加入工会。

（5）城镇离退休职工，尽管离开工作岗位，但只作保留会籍处理，会员证仍由职工个人保存，只要还在务工，就可以加入工会。

6.3 加入工会的一般程序

加入工会的一般程序如图4-2所示：

第一步 **本人申请**

加入工会，一般先由本人向所属的基层工会下辖的工会小组长口头申请，撰写好入会申请书交工会小组讨论

第二步 **工会小组讨论**

工会小组长收到本人撰写的入会申请书后，应及时提交工会小组会议讨论

第三步 **基层工会委员会批准**

工会小组讨论通过后，应及时向申请人发放《中华人民共和国工会会员登记表》，由申请人填写相关栏目后，工会小组签署“同意入会”意见，提交基层工会委员会。基层工会每季度研究一次新会员发展问题，对新会员入会材料及时审查，批准后填写并发放工会会员证

图4-2 加入工会的一般程序

7. 成为工会会员后的权利和义务

7.1 成为工会员后享有哪些权利

加入工会，成为工会会员，可以依法行使会员的权利和享有的相关利益。根据《中国工会章程》的规定，会员享有以下六种权利：

（1）会员在工会组织内部有选举权、被选举权和表决权。

（2）监督权。会员有批评工会任何组织和任何工作人员，要求撤换或罢免违纪工会工作人员，对工会工作进行监督的权利。

（3）批评建议权。会员有对国家生产和社会生活问题提出批评与建议，有要求工会组织和有关方面如实反映情况的权利。

（4）要求保护自身合法权益权。任何工会会员在合法权益受到侵犯时，都有要求工会予以保护的权利。这项权利体现了工会是广大职工

群众的代表者。

（5）享有工会具有的优惠待遇权。会员有参加工会活动，享受工会举办的文化、教育、体育、旅游等优惠待遇和享受工会给予的各种奖励的权利。

（6）对工会问题的讨论权。每个会员都有参加关于工会工作和职工关心问题的讨论权利。会员在会员大会上对于工会组织的决议、决定进行通过时，可以行使表决权，表示自己赞成或者反对的意见，任何人不得干涉。

7.2 工会会员有什么义务

（1）学习政治、文化、科学、技术和工会基本知识的义务。

（2）积极参加民主管理，努力完成生产和工作任务的义务。

（3）遵守宪法和法律，维护社会公德和职业道德，遵守劳动纪律的义务。

（4）维护社会秩序和同危害国家、社会利益的行为作斗争的义务。

（5）维护工人阶级内部团结和统一，发扬阶级友爱，搞好互助互济的义务。

（6）遵守工会章程，执行工会决议，参加工会组织生活，按月缴纳会费的义务。

7.3 行使会员权利与履行会员义务应把握的原则

（1）我们既要享受权利，同时也要履行义务。

（2）所有会员的权利和义务一律平等。

（3）依法合理表达自己的利益诉求。

相关链接

送温暖活动

全国总工会每年都会发起送温暖活动，现已成为党政主导、工会运作、社会各界积极参与、常年开展的公益性活动。通过送温暖活动，解决了职工群众最关心、最直接、最现实的利益问题。全国总工会开展送温暖活动已经20多年。20多年里，筹集送温暖资金400多亿元，走访困难企业近200万个（次）。

8. 工会会费怎么缴纳

加入工会需要缴纳会费，用以维持工会工作的开展。工会会员应依据月工资收入的0.5%按月向基层工会缴纳，工资尾数不足10元的，不计缴会费。没有固定收入的会员，可按本人上月所得工资额计算缴纳会费。会员所缴会费，全部留作基层工会开展工会活动，慰问困难职工使用。工会会员有特殊困难，可由本人申请，工会小组讨论，基层工会批准，一定时期内可免缴会费。

9. 回家务农期间的工会会籍怎么办

回到家乡务农期间，因不再以工资收入为主要生活来源，但又有可能再进城务工。因此，应保留会籍。会员保留会籍期间，不再享有原务工企业的选举权和被选择权等待遇。保留会籍期间，免缴会费。再次外出务工时可在务工地工会接转组织关系，同时恢复会籍。

第5章

新市民职业安全与职业健康指导

如何保障职业安全，如何避免职业病的危害，关系到每个劳动者个人和家庭的幸福与安全。新市民一定要了解相关的安全健康知识。

1. 如何培养安全生产意识

统计显示，绝大多数事故的发生并非因为技术、设备原因，而多是由人引起的，其中安全意识薄弱又占到绝大多数。因此新市民在工作时不但要掌握一定的安全知识，更要有很强的安全意识。需掌握以下几个原则。

1.1 依靠安全知识，不依靠安全设备

安全知识，包括安全规程、安全制度、安全常识和经验。新市民工作时一定要认真学习相关的安全知识，不可盲目相信设备、技术的成熟、完善，而抱着侥幸心理。只有用知识武装起来，遇到紧急情况会采取正确的应对措施，才能在出现意外时，保住自己的健康和全家的幸福。

1.2 懂得安全知识，更要有安全意识

工作中有时会出现虽然懂得安全知识，但未必遵守的现象。就像每个人都知道酒后不能驾车、开车不能闯红灯、工作不能违章，但是这些违章现象却仍在不断发生。这是因为在思想意识当中没有树立起安全意识，总觉得出现意外都是小概率事件，因此得过且过，往往铸成大错。

1.3 要明白安全生产不是为了别人，而是为了自己

也许单位、厂里天天进行安全教育，天天抓安全生产，对违章者进

行批评和罚款，让人错误地觉得安全是单位、厂里的事，是件与自己无关的麻烦事，恰恰相反，安全不是为了别人，而是为了自己。只有真正明白安全为了谁，才能自动、自觉地将安全生产养成习惯，从根本上杜绝安全隐患。

2. 工作安全常识

2.1 电气安全常识

随着企业生产机械化、自动化水平的提高，电在企业生产中的应用越来越广。如果用电不当，会造成人员伤亡，毁坏机电设备，还可能引起电气火灾。

（1）发生触电事故主要有以下原因：

作业人员缺乏安全用电知识，违反电气安全操作规程。

电源电压、电气设备等方面的选用与所处的环境条件不相符。如没有采用安全电压供电，没有使用矿用橡胶套电缆。

使用了安全性能不合格的设备、器具，缺乏必要的安全保护装置。

设备使用不当，超载运行。

设备和线路的安装不合格，检查、维修不善，带病运行。

作业环境不良。作业环境阴暗潮湿、空间狭小、电气线缆悬挂低矮，这是导致作业人员触电伤亡的重要因素。

（2）触电事故主要有以下特点：

从作业人员的类别来看，非电气操作人员中，低压触电事故较多；电气操作人员中，高压触电事故较多。

从作业来看，带电作业死亡人数最多，其次分别是手持长杆接触带电体、误蹬带电电线杆和设备、误入带电间隔、设备漏电及误触电。

（3）在用电时应注意以下几点：

电工上岗应穿戴和使用防护用品、用具进行操作。维修电气设备和线路，应由电工进行。

在输电线路上进行带电作业，应采取可靠的安全措施，并经主管领导批准。

电气设备裸露的带电部分，应设保护罩或遮拦及警示标志。经常接触和使用的配电箱、配电板、刀开关、按钮、插座、插销以及导线等，应保持完好，不得有破损，或将带电部分裸露出来。

供电设备和线路的停电和送电，应严格执行工作票制度。

大型电气设备应设有专用的受电开关，停电或送电应有工作牌。

矿山、危化品等电气设备和线路，应设有可靠的防雷、接地装置。

在电源线路上断电作业时，该线路的电源开关把手，应加锁或设专人看管，并悬挂“有人作业，不准送电”的警示牌。在停电线路上工作时，应先采取验电和挂接地线等安全措施。工作完毕，应及时将地线拆除后再通电。

在导线、电气设备、变压器、油开关附近，不得有损坏电气绝缘或引起电气火灾的热源及易燃易爆物品。

熔断器、熔断丝、熔片、热继电器等保险装置，使用前必须进行核对，不应任意更换或代用。严禁用铜丝、铁丝代替熔断丝。

在带电设备周围不得使用钢卷尺和带金属丝的线尺。

在使用手持式电动工具时，应安装漏电保护器，外壳要进行保护接地，移动工具时要防止导线被拉断。

在雷雨天不要走近高压电线杆、铁塔、避雷针的接地导线周围20米。当遇到高压线断落时，在落点周围10米以内人畜不得进入；若已进入危险区域且感觉到有跨步电压作用时，应赶快将双脚并在一起或用单腿跳离危险区。

2.2 防火防爆安全常识

火灾和爆炸的形成，与可燃物的燃点、自然点和闪点密切相关。了解这方面的知识，有助于防止发生火灾和爆炸。

（1）在一般情况下，发生火灾、爆炸事故的原因有以下几个方面：

用火管理不当。对生产用火（如焊接、锻造、铸造和热处理等工艺）和生活用火（如吸烟、使用炉灶等）的火源管理不善。

易燃物品管理不善，库房不符合防火标准，没有根据物质的性质分类储存。例如，将性质互相抵触的化学物品放在一起，灭火要求不同的物质放在一起，遇水燃烧的物质放在潮湿地点等。

电气设备绝缘不良，安装不符合规程要求，发生短路、超负荷、接触电阻过大等。

工艺布置不合理，易燃易爆场所未采取相应的防火防爆措施，设备缺乏维护、检修或检修质量低劣。

违反安全操作规程，使设备超温超压，或在易燃易爆场所违章动火、吸烟或违章使用汽油等易燃液体。

通风不良，生产场所的可燃蒸汽、气体或粉尘在空气中达到爆炸浓度并遇火源。

避雷设备装置不当，缺乏检修或没有避雷装置，发生雷击引起失火。

易燃易爆生产场所的设备管线没有消除静电措施，发生放电火花。

棉纱、油布、沾油铁屑等放置不当，在一定条件下自燃起火。

（2）发生了火灾，要运用正确的方法进行灭火。灭火的基本原理，主要是破坏燃烧过程及维持物质燃烧的条件。通常采用以下四种方法。

①隔离法。将着火点或着火物与其周围的可燃物质隔离或移开，燃烧会因缺少可燃物而停止。

②窒息法。阻止空气进入燃烧区，或者用不燃烧的物质（气体、干粉、泡沫等）隔绝或冲淡空气，使燃烧物得不到足够的氧气而熄灭。

③冷却法。将水、泡沫、二氧化碳等灭火剂喷射到燃烧区内，吸收或带走热量，降低燃烧物的温度和对周围其他可燃物的热辐射强度，达到停止燃烧的目的。

④化学抑制法。用含氟、氯、溴的化学灭火剂（如1211等）喷向火焰，让灭火剂参与燃烧反应，从而抑制燃烧过程，使火迅速熄灭。

上述四种方法有时是可以同时采用的。例如，用水或灭火器扑救火灾，就同时具有两个方面以上的灭火作用，但是，在选择灭火方法时，还要视火灾的原因采取适当的方法，不然，就可能适得其反，扩大灾害，如电器火灾，就不能用水浇的方法，而宜用窒息法；对油火，宜用化学灭火剂；等等。厂矿企业要根据各自的特点预先做准备，以防一旦事发而措手不及。

2.3 建筑工地安全常识

建筑行业是一个事故多发的行业，要提高建筑工人的安全素质，保证建筑施工安全生产，就一定要懂得一些建筑工地的安全常识。

（1）高空作业的一般施工安全常识

高处作业人员应头戴安全帽，身穿紧口工作服，脚穿防滑鞋，腰系安全带；遇有六级以上强风、浓雾和大雨等恶劣天气，不得进行露天悬空与攀登高处作业；所有安全防护设施和安全标志，任何人都不得损坏或擅自移动和拆除。

（2）脚手架作业安全常识

操作层必须设置1.5米高的两道护身栏杆和18厘米高的挡脚板，挡脚板应与立杆固定，并有一定的机械强度；架上作业人员应做好分工和配合，不要用力过猛，以免引起人身或杆件失衡；作业人员应佩带工具袋，工具用后装于袋中，不要放在架子上，以免掉落伤人；遇大雾及雨、雪天气和6级以上大风时，不得进行高处作业。雨、雪天后作业，必须采取安全防滑措施；钢管脚手架上安装照明灯时，电线不得接触脚手架，并要做绝缘处理。

（3）高处作业安全防护用品使用要求

安全帽的使用要求：选用经有关部门检验合格，其上有“安鉴”标志的完全帽；戴帽前先检查外壳是否破损，有无合格帽衬，帽带是否齐全，如果不符合要求立即更换；调整好帽箍、帽衬、系好帽带。

安全带的使用要求：选用经有关部门检验合格的安全带，并保证在有效期内使用安全带严禁打结、续接；使用中，要可靠地挂在牢固的地方，高挂低用，且要防止摆动，避免明火和刺割；在进行2米以上的悬空作业时，必须使用安全带；在无法直接挂设安全带的地方，应设置安全带的安全拉绳、安全栏杆等。

安全网的使用要求：安全网的质量必须符合标准要求；安全网若有破损、老化应及时更换；安全网与架体连接不宜绷得太紧，系结点要沿边分布均匀、绑牢；立网不得作为平网使用；立网必须使用密目式安全网。

2.4 化学物品烧伤如何急救

化学烧伤比单纯的热力烧伤复杂，由于化学物品本身的特性，对组织的损伤也有所不同，所以在急救处理上有其特点。

（1）强酸类，如系通过衣服浸透烧伤，应即刻脱去，并迅速用大量清水反复地冲洗伤面，充分冲洗后也可用中和剂——弱碱性液体，如小苏打水（碳酸氢钠）、肥皂水冲洗，石炭酸烧伤用酒精中和效果更好。

（2）强碱类。如果碱性溶液浸透衣服造成烧伤，应立即脱去受污染衣服，并用大量清水彻底冲洗伤处。充分清洗后，可用稀盐酸、稀醋酸（或食醋）中和剂，再用小苏打水或碱性肥皂水中和。根据情况，请医生采用其他措施处理。

（3）磷烧伤。磷对肝脏具有很强的毒性，会引起肝细胞的坏死，肝脂肪性变，可引起广泛的出血，对肾脏、心肌及神经都有毒性。急救处理的原则是迅速灭火，用大量清水冲洗。冲洗后，再仔细察看局部有无残留磷质，也可在暗处观察，如有发光处，用小镊子剔除。

（4）沥青烧伤。应立即用冷水冲洗降温，外涂氧化锌油包扎，每日两次，直至沥青脱净。

特别提示

不要强行剥离皮肤上的沥青，也不要用汽油、煤油去擦洗沥青，那样会加重皮肤损害，甚至引起汽油中毒。对烧伤创面的处理不能用红药水和龙胆紫，避免曝光照射，避免使用光敏感药物。

2.5 化学气体中毒如何急救

（1）汽油中毒。由呼吸道吸入时，即可引起咳嗽、胸痛、视图模糊，严重时可导致抽搐、昏迷等症状。此外皮肤也能少量吸收，误服时可经消化道吸收。处置办法为：迅速将病人移离中毒现场，脱去衣裤，并用肥皂水清洗皮肤，静卧，吸氧。

（2）甲醇中毒。轻度中毒时，有头痛、头晕等症状，严重时意识模糊、昏迷，最后可因呼吸和循环衰竭而死亡。处置办法为：由吸入原因导致中毒的，迅速将病人移离中毒现场，保持呼吸道通畅，必要时吸氧；由误服导致中毒的，立即催吐，有条件的可用小苏打水或肥皂水灌服催吐，彻底洗胃；对已昏迷、休克的，应及时清除口腔内异物，及时送往医院抢救。

2.6 烫伤、割伤等外伤应急处理

在烧熔和加工玻璃物品时最容易被烫伤，在切割玻管或向木塞、橡皮塞中插入温度计、玻管等物品时最容易发生割伤。

急救方法如表5-1所示：

表5-1　外伤急救方法

序号	类别	急救方法
1	烫伤	（1）一旦被火焰、蒸气或红热的玻璃、铁器等烫伤时，立即将伤处用大量水冲淋或浸泡，以迅速降温避免深度烧伤。若起水泡不宜挑破，用纱布包扎后送医院治疗 （2）对轻微烫伤，可在伤处涂些鱼肝油或烫伤油膏或万花油后包扎
2	割伤	（1）先取出伤口处的玻璃碎屑等异物，用水洗净伤口，挤出一点血，涂上红汞水后用消毒纱布包扎。也可在洗净的伤口上贴上“创口贴”，可立即止血，且易愈合 （2）若严重割伤大量出血时，应先止血，让伤者平卧，抬高出血部位，压住附近动脉，或用绷带盖住伤口直接施压，若绷带被血浸透，不要换掉，再盖上一块施压，随即送医院治疗

3. 职业病的个体防护措施有哪些

3.1 什么是职业病

职业病是指劳动者在生产劳动及其他职业活动中，由于工作中的

有害因素（如：接触粉尘、有毒有害物质和放射性元素等）而引起的疾病。在法律意义上讲，职业病是有一定范围的。通常是指由政府部门或立法机构所规定的法定职业病。

2002年，卫生部会同劳动保障部重新颁布的法定职业病有十大类。分别是：

（1）尘肺。

（2）职业性放射性病症。

（3）职业中毒。

（4）物理因素所致职业病。

（5）生物因素所致职业病。

（6）职业性皮肤病。

（7）职业性眼病。

（8）职业性耳、鼻、喉、口腔疾病。

（9）职业性肿瘤。

（10）其他职业病。

3.2 职业病的特点是什么

职业病通常有下面几个特点：

病因明确，病因即职业危害因素，如果这些因素得到消除或控制，就可以防止或减少职业病的发生；

职业病不同于突发的事故或疾病，其病症要经过一个较长的形成时间或潜伏期后才能显现；

在接触同样职业病危害因素的工人中，常常有一定人数发病，很少只出现个别病人；

职业病治愈非常困难，痊愈的可能很小，目前无特效药或治疗方法，早期发现，比较容易恢复，发现越晚，疗效越差。

3.3 职业病的形成条件和发病因素

职业病是在一定的条件下才会形成的。其致病因素包括以下几点：

在生产工艺过程中，经常接触某些有毒、有害物质；

这些有毒有害物质经呼吸道、皮肤或其他途径可进入人体，或由于意外事故造成病伤；

在接触时间上，每天或一生中累计接触的总时间较长；

在接触强度上，接触有毒有害物质浓度较高。

此外，在同一条件下，不同人发生职业病的机会也有一定的差别，还与以下因素有关：

遗传因素。有些人的体质，容易受某些因素的影响；

年龄和性别差异。不同的年龄和性别，对职业性有害因素的感受性有差异，妇女、未成年人和老年人由于生理方面的原因，易受某些有毒有害物质的侵害；

营养不良。如不合理的膳食结构，可致机体抵抗力降低，容易导致职业病；

缺乏安全及自我保健意识，生活方式不健康，均能增加职业性有害因素的致病机会和程度。

3.4 职业病的个体防护措施有哪些

根据有毒物质进入人体的途径，劳动者需采取各种有效措施。

（1）呼吸防护

正确使用呼吸防护器，是防止有毒物质从呼吸道进入人体而引起职业中毒的重要措施之一。需要注意的是，这种防护只是一种辅助性的保护措施，根本的解决办法还在于改善劳动条件，降低作业场所有毒物质的浓度。用于防毒的呼吸器材，大致可分为过滤式防毒呼吸器和隔离式防毒呼吸器两类。

（2）皮肤防护

主要依靠个人防护用品，如工作服、工作帽、工作鞋、手套、口罩、眼镜等，这些防护用品可以避免有毒物质与人体皮肤进行接触。对于外露的皮肤，则需涂上皮肤防护剂。

应注意的是，由于工种不同，个人防护用品的配备也应有所区别，操作者应按工种要求穿用工作服等防护用品。对于裸露的皮肤，也应视其所接触的不同物质，采用相应的皮肤防护剂。当皮肤被有毒物质污染后，应立即清洗。许多污染物是不易被普通肥皂洗掉的，应按不同的污染物分别采用不同的清洗剂，但最好不用汽油、煤油。

（3）消化道防护

为防止有毒物质从消化道进入人体，一是要严格遵守有关规定，在有毒工作场所作业时，不饮水、不吃食物，防止有毒有害物质进入体内；二是要提高安全防范意识，养成良好的卫生习惯，做到饭前洗手，注意搞好个人卫生。

4. 易引起急性职业中毒的岗位与物质有哪些

急性职业中毒，是指在生产劳动过程中，毒物一次或短时间内，大量进入人体后所引起的中毒。

4.1 易发生急性职业中毒的岗位

急性职业中毒事故以化学、制造、水处理、开采、建筑等行业多见，清洗、检修、生产、采矿、挖掘等岗位的危险性较高。

4.2 导致急性职业中毒的物质

直接导致急性职业中毒的化学物质较多，主要以硫化氢、一氧化碳、氯气、氨气、氮氧化物、二氧化硫、二氧化碳、苯及其同系物、金属和类金属等为主，不同行业引起急性职业中毒的化学物有所不同。

4.3 发生急性职业中毒常见原因

（1）作业人员缺乏职业健康安全教育，防护意识差。

（2）作业人员没有使用个体防护设备或防护用品使用不当。

（3）作业场所没有密闭通风排毒设施或排风效果不好。

（4）作业岗位没有安全操作规程或作业人员违反安全操作规程。

（5）设备未进行常规检查，出现故障。

（6）施救人员没有防护时的盲目救援、不当救援等。

5. 职业健康监护的类别和对象有哪些

职业健康监护分为上岗前检查、在岗期间定期检查、离岗时检查、离岗后医学随访和应急健康检查五类。

5.1 上岗前检查

上岗前健康检查的主要目的是发现有无职业禁忌症，建立接触职业病危害因素人员的基础健康档案。上岗前健康检查均为强制性职业卫生检查，应在开始从事有害作业前完成。下列人员应进行上岗前健康检查：

（1）拟从事接触职业病危害因素作业的新录用人员，包括转岗到该种作业岗位的人员。

（2）拟从事有特殊健康要求作业的人员，如高处作业、电工作业、职业机动车驾驶作业等。

5.2 在岗期间定期健康检查

长期从事规定的需要开展健康监护的员工，应进行在岗期间的定期健康检查。定期健康检查的目的是：

（1）早期发现职业病患者或疑似职业病患者或员工的其他健康异常改变。

（2）及时发现有职业禁忌症的员工。

（3）通过动态观察员工群体健康变化，评价工作场所职业病危害因素的控制效果。

定期健康检查的周期由不同职业病危害因素的性质、工作场所有害因素的浓度或强度、目标疾病的潜伏期和防护措施等因素决定。

5.3 离岗时健康检查

主要目的是确定其在停止接触职业病危害因素时的健康状况。如最后一次在岗期间的健康检查是在离岗前的90日内，可视为离岗时检查。

5.4 离岗后医学随访检查

（1）如接触的职业病危害因素具有慢性健康影响，或发病有较长的潜伏期，在脱离接触后仍有可能发生职业病，需进行医学随访检查。

（2）尘肺病患者在离岗后需进行医学随访检查。

（3）随访时间的长短应根据有害因素临床特点、员工从事该作业的时间长短、工作场所有害因素的浓度等因素综合考虑确定。

5.5 应急检查

（1）当发生急性职业病危害事故时，对遭受或者可能遭受急性职业病危害的员工，应及时组织健康检查。依据检查结果和现场劳动卫生学调查，确定危害因素，为急救和治疗提供依据，控制职业病危害的继续蔓延和发展。应急健康检查应在事故发生后立即开始。

（2）从事可能产生职业性传染病作业的员工，在疫情流行期或近期密切接触传染源者，应及时开展应急健康检查，随时监测疫情动态。

6. 从事接触职业病危害作业的职工是否有岗位津贴

从事接触职业病危害作业的职工应获得相应的岗位津贴。岗位津贴应参照国家现有岗位津贴标准发放，建设项目设计应按国家标准将岗位津贴纳入职业卫生项目设计进行概算，增加岗位职工生理健康保健投入，保障职工健康权益。生产和施工企业应按照国家标准足额发放岗位津贴。岗位津贴（保健费）的发放标准应以制度方式确定，并在与员工签订的劳动合同中予以明确。

第 6 章

新市民应急避险指导

如何在突发事件中保证自身安全，挽救他人生命和财产安全，是新市民需要了解的知识。

1. 如何注意公共场所安全

1.1 办公地点安全

（1）大楼楼梯间通常较为僻静，上楼尽量使用电梯。

（2）若常在某建筑物出入，应熟悉周边及楼内地形并了解安全设施的位置。

（3）若需外出，即使在短时间内返回，也应锁门。

1.2 电梯安全

进入电梯前若发觉乘客可疑，则勿进入。女性若单独搭乘电梯，应靠近控制板。若遇可疑人员在电梯内，立即离开。

相关链接

碰到电梯意外时怎么办

（1）不要强行开门，以免带来新的险情。

（2）通过警铃、对讲系统、移动电话或电梯轿厢内的提示方式进行求援，如电梯轿厢内有病人或其他危急情况，应当告知救援人员。

（3）如果没有电话，应拍门呼喊或脱下鞋子拍门。如无人回应，则需镇定情绪，观察动静，保存体力，等待营救。

（4）与电梯轿厢门或已开启的轿厢门保持一定距离，听从管理人员指挥。

（5）在救援人员到达现场前不得撬砸电梯轿厢门或攀爬安全窗，不得将身体的任何部位伸出电梯轿厢外。

（6）电梯坠落时，可做屈膝动作，以减轻电梯急停对身体所造成的不适或伤害。

1.3 参加聚集活动时应注意的安全事项

在参加聚集活动时，应穿宽松舒适的服装，不穿高跟鞋，不戴饰物。如遭遇拥挤人流，即使鞋子被踩掉，也不要贸然弯腰提鞋或系鞋带。切记和大多数人的前进方向一致，不要逆行。

（1）如发觉人群向自己行走方向涌来时，应马上避到一旁，但不要奔跑，以免摔倒。如果路边有商店、咖啡馆等地方，可以暂避一时。

（2）如果已经陷入人群中，应稳住身体，并远离店铺的玻璃窗等地，以免扎伤。

（3）如果带着孩子，要尽快将孩子抱起来。

（4）一旦被人群挤倒在地，应屈膝、屈肘，尽量将身体蜷成球状，并设法靠近墙壁，面向墙壁，双手在颈后紧扣，以保护头、颈等部位。

2. 如何注意交通安全

2.1 骑自行车注意事项

自觉遵守道路交通管理法规，文明骑车，坚持做到“七不要”，养成良好的骑车习惯。

（1）不要闯红灯，或推行、绕行闯越红灯。

（2）不要在禁行道路、路段或机动车道内骑车。

（3）不要在人行道上骑车。

（4）不要在市区或城镇道路上骑车带人。

（5）不要双手离把或攀扶其他车辆或手中持物。

（6）不要扶身并行、互相追逐或曲折行驶。

（7）不要争道抢行、急转猛拐。

2.2 驾驶机动车注意事项

机动车驾驶员应该自觉遵守道路交通管理法规，文明开车，确保行车安全。

（1）要自觉遵守交通法规，不开违章车。

（2）要经常做好车辆保养，不开带病车。

（3）要注意劳逸结合，不开疲劳车。

（4）要做到安全装载，不开超载车。

（5）要按规定车道行驶，不开急躁车。

（6）要做到文明礼让，不开赌气车。

（7）要按照规定车速，不开英雄车。

（8）要超车注意迎面来车，不开莽撞车。

（9）要掌握行车规律，不开盲目车。

（10）要坚持预防为主，不开冒险车。

2.3 如何处理交通事故

发生交通事故，应立即停车，若肇事后逃跑，甚至置伤亡人员或国家财产不顾，是严重的违法行为，也是极不人道和违反社会公德的恶劣行为，其结果只会受到严重处罚。新市民在处理交通事故时可参考以下办法：

（1）立即抢救伤员和物资

停车后应首先检查有无伤亡人员，如有死亡人员，确属当场死亡而无丝毫抢救希望者，应原地不动，寻找遮蔽物覆盖。如有受伤人员，应立即进行抢救。如果受伤者伤势较轻，可暂留现场等待交警处理。如果伤势较重，应拦截过往车辆，送就近医院抢救，并对现场照相保存。

（2）保护原始事故现场

保护现场对于公安交通管理部门了解事故情况，正确处理交通事故具有极其重要的意义。现场保护的内容有：肇事车停位，伤亡人员倒位，各种碰撞碾压的痕迹，刹车拖痕，血迹以及其他散落物品均属保护内容。

（3）及时报案

应立即拨打全国统一电话122，报告内容有：肇事地点、时间，报告人姓名、住址，肇事车辆及事故的死伤和损失情况等。交警到达现场后，一切听从交警指挥并主动如实地反映情况，积极配合交警进行现场勘察和分析。

2.4 发生车祸如何急救

当意识到车祸不可避免时，要将身体牢牢地固定在座椅上，双手紧紧抓住方向盘或撑住车内其他固定位置，全身绷紧。

车祸往往伴随火灾，一旦发生火灾应立即熄灭发动机、关闭电源、搬开易燃物品，并立即报警。

对于昏迷的受伤者立即使其侧卧，清除鼻咽部分分泌物或异物，保持呼吸道通畅，防止痰液吸入。

如发生骨折，将伤员移出车内前，应用硬纸板、硬橡胶、厚帆布等，剪成前后两片，用布条固定骨折位置。如果颈部受伤，应用相关材料充当颈托，以防颈椎错位，发生高位截瘫。

如有大出血，要迅速止血，加压包扎；有木桩等物刺入人体时，不宜拔出，可切断其体外部分，等到医院后手术拔出。

特别提示

在发生创伤时，很多人会因为慌乱，随便拿东西捂在创口上，比如撕下座套、衣服等。这很可能导致二次感染，尤其是在出现大面积破损的时候。这种情况一定要使用卫生的东西处理。

3. 如何做到行路安全

3.1 行路安全常识

行人应当在道路交通中自觉遵守道路交通管理法规，增强自我保护和现代交通意识，掌握行人交通安全特点，防止交通事故。

（1）行人要走人行道，没有人行道的靠路边右侧通行。

（2）横过车行道时须走人行横道；有交通信号控制的人行横道，应做到红灯停、绿灯行；没有交通信号控制的，须注意车辆，不要追逐猛跑；有人行过街天桥或地道的，须走人行过街天桥或地道。

（3）横过没有人行横道的车行道，须看清情况，让车辆先行，不要在车辆临近时突然横穿。

（4）不要钻越、跨越人行护栏或道路隔离设施。

（5）不要进入高速公路、高架道路或者有人行隔离设施的机动车专用道。

（6）学龄前儿童应当由成年人带领在道路上行走。

3.2 行路携带物品

新市民在行路时，应携带少量现金和金额数量较小的银行卡，在钱夹内放入有自己和家人姓名、联系方式的个人信息卡。个人证件应放在内衣口袋等较不易引人注意的地方。同时不要忘记带手机，以免保证自己遇到意外时身边有便捷的通讯工具。

特别提示

夜间挑选灯光明亮且行人较多的街道行走。女性夜行不要穿过于暴露的衣服，不要穿高跟鞋。切记不要搭乘陌生人的便车，遇到危险高声呼救。

4. 如何做好乘车安全

新市民在乘车时，一定要注意乘车安全，应注意以下几点：

（1）搭车前要事先了解乘车路线。

（2）外出乘公交，事先备好零钱，以免在车上财物露白。

（3）上下公交车时，人多拥挤，若遇故意推挤和借机靠近之人，一定要注意防范。

（4）夜间搭车不要独自在荒凉处下车，以免给歹徒可乘之机。

（5）乘公交车时，应将皮包和贵重物品放在身前或自己视线范围内，以防歹徒趁乱扒窃。

（6）车上若遇陌生人搭讪，应避免谈论家中经济、财务状况及生活作息习惯等。

（7）扒手最容易下手的部位是乘客的外衣兜、后裤兜、背包、腰包、手提袋等，这些部位最好不要放钱或手机等贵重物品。

（8）乘车千万不要闷头大睡或接受陌生人的烟酒、饮料等，免得被盗。乘客一旦发现钱物被窃，应一面注意身边乘客，一面通知售票员紧闭车门，并尽快报警。

（9）乘车遭遇性骚扰，一定要大声呼救求援。

相关链接

乘车如何慧眼识别扒手

再狡猾的扒手也有蛛丝马迹可寻，平常在搭乘交通工具时只要留心，就能够发现这些扒手。新市民可以通过以下几点识别。

1. 看神色

扒手与乘客的眼神是不同的，乘客的注意力一般主要放在乘车的班次或者行李上，要不就是途中的风景，扒手往往为了寻找行窃目标，两眼总是注视别人的行李、挎包和口袋，以及周围人是否拥挤等，因为他们经常四处张望，精神比较紧张，往往有两眼发直、发呆、脸色时红时白等表现。

2. 观举止

扒手选择侵害目标时，往往在人群中窜动，选择目标后即咬住不放，紧紧尾随，趁人拥挤或者车体晃动的机会，用胳膊和手背试探“目标”的衣兜。对那些反复在人群中挤进挤出或是重复坐一条线路的人就要提高警惕，很有可能就是扒手。

3. 识物品

扒手手上一般都要拿着东西做掩护，因此其往往携带比较奇怪的物品，比如手上拿着空的塑料袋、冬天将外衣拿在手上、夏天拿着冬天的衣服、晴天拿着雨伞、手上拿着旧报纸等。看到这些比较违反常理的行为，一定要多一个心眼儿，看护好自己的财物。特别要注意那些手上拿着一角、两角钱的人，其往往把钱折成三角形，把作案的刀片藏在其中。

4. 看动作

扒手在动手作案时，一般借车体运行晃动或乘客拥挤的机会，紧贴被窃对象的身子，或用自己的胳膊、提包、衣服、书报等遮住被窃对象的视线，作案得手后，迅速离开失主，逃离现场。

5. 如何做好居家安全

5.1 防火

居家安全中防火的要求是：

（1）室内装修装饰不宜采用易燃、可燃材料。

（2）养成不乱扔烟头、火种的习惯。

（3）生活用火要特别小心，火源附近不要放置可燃、易燃物品。

（4）电器线路破旧老化要及时修理更换。

（5）要教育儿童养成不玩火的习惯。

（6）离家或睡觉前要检查用电器具是否断电，燃气阀门是否关闭，明火是否熄灭。

（7）火灾来袭时要迅速疏散逃生，不要贪恋财物。

特别提示

家庭可配备烟感或温度感应器以有效预警，配备消防栓及其他灭火器材。安装无线烟雾感应器，可对现场早期发生的火灾烟雾及时发出声光警报。

5.2 防盗

防盗的要点为：

（1）家中现金存放不宜过多，其余可存入银行并记下存折账号。

（2）现金、首饰、存折、有价证券和其他贵重物品，应放置在不易被外人发现的地方。

（3）家门钥匙不要离身，也不要轻易借给别人。

（4）不要轻信陌生人，有人敲门要问清辨识再开门。

（5）邻里互相关照，发现形迹可疑的人及时报告当地派出所或打110报警。

5.3 防天然气泄漏

（1）保持室内通风换气。

（2）正确使用燃具，燃具安装的位置要避开风口。

（3）教育儿童不要玩火和乱拧供气管上的阀门，以免损坏灶具或忘记关闭阀门。

（4）做饭时人不得远离，以免汤水沸溢扑灭火焰，或被风吹灭造成跑漏气引起事故。

（5）发现煤气泄漏，速关阀门，打开门窗，切勿触动电器开关和使用明火。

5.4 家中小孩的安全防护

（1）家里利器的存放

由于小孩子喜欢找寻一些好奇的物品，所以我们一定要把常见的一些利器和部件放好，避免小孩接触。像剪刀、刀具、硬币、牙签、纽扣等，一是有可能会割伤孩子，二是有可能让小孩误食。所以一定要把小部件和利器收拾好，不要让小孩有机会接触到。

（2）家中易掉落物品的摆放

很多人的家里可能会摆设一些像茶盘、陶器、水杯、煮水器等物件。如果有的话一定要提醒警惕，避免小孩触碰以导致意外发生。

（3）家里床上用品的叠放

小孩喜欢在床上打闹，但是如果这些床上用品是大部件的话就一定要预先收拾好，避免小孩钻进去出不来。

（4）宠物的管理

如果家里有婴儿的话，建议不要饲养宠物，一是宠物可能误伤孩子，二是细菌病毒感染，因为小孩的免疫力比较差，所以为了家里孩子的安全，尽量不要饲养或是做好这方面的有效防护措施。

5.5 妥善应对入室抢劫、盗窃

居住在楼房单元里的新市民所处的环境相对封闭，遇到歹徒入室抢劫时常处于孤立无援的境地，如果应对不当，就可能使歹徒得逞，甚至使自己受到伤害。

（1）不要惊慌失措，要冷静思考对策。如果歹徒持凶器抢劫，应避免与歹徒发生冲突。

（2）告诉歹徒自己的家人正在外出买东西，很快就会回来，或以其他方法警告歹徒，使其心慌，不敢久留。

（3）观察歹徒的行为举止，如遇到蒙面歹徒，要记下歹徒的身高、衣着、口音、举止等特征，为公安机关提供破案线索。

（4）歹徒作案逃离后，要注意保护现场，歹徒用手摸过的物品不要马上收拾，留给公安人员提取现场物证。

（5）有些入户抢劫案件是受害人的熟人或是熟悉被害人家庭的人及团伙所为，案发后受害人应尽量回忆案发前遇到的可疑人、可疑事，比较歹徒和周围熟人的口音、举止、体貌特征等是否相像，但是在案件发生时千万不能当面指认歹徒，以免歹徒因怕被抓捕而行凶灭口。

5.6 发现入室盗窃要机警

当你外出回家时，如果发现门开着或是门锁被撬坏，要立即警觉起来，应想到家里可能进了小偷。这时该怎么办？

（1）不可立即冲进家里，要先观察一下室内是否有异常情况。如果发现小偷正在行窃，千万不要大喊大叫，要马上找来邻居或保安人员，将小偷扭送派出所。

（2）如果小偷作案后已经逃跑，要立即报警，并注意保护现场，等公安人员检查现场后再收拾房间。

（3）如果发现小偷正在逃离，可呼叫周围的人一起抓小偷，同时记住小偷的特征和逃离方向。如果小偷是开车来的，要设法记下车牌号码，及时向公安机关报告，协助破案。

（4）注意自我保护，特别是面对持刀抢劫的歹徒，在个人力量薄弱的情况下，尽量不要单独与其正面冲突，以免受到伤害。

5.7 有陌生人敲门不可马上开门

有的歹徒谎称自己是推销员、修理工或是家人的朋友等，欺骗开门，闯入室内实施不法行为。若遇到陌生人敲门该怎么办？

（1）有陌生人敲门时，应查明其身份、来意再决定是否开门，防止歹徒破门而入。

（2）当一个人在家时，可以大声呼叫其他人的名字，问他是否认识敲门的陌生人，如果门外是歹徒就有可能被吓跑。

（3）老人和儿童独自在家时，应关好房门，不回应陌生人敲门。

（4）在楼道或门口遇到陌生人时，要保持警觉，不要与陌生人同时进楼或在其面前打开家门，防止歹徒突然闯入。

（5）万一有歹徒闯入室内，在还没有关门的时候，可立即跑到门外，大声向邻居呼救求助。

5.8 接到陌生人的电话要警惕

用电话诈骗或作为入室抢劫前的试探，是犯罪分子常用的手段。如谎称家人出了车祸，自己是家人的朋友，让在家的人把钱交给他；或通过扯闲话试探家里是否只有老人和孩子。您若接到这样的电话该怎么办呢？

（1）可以把电话挂断，不与陌生人交谈。

（2）可以用手机立即与家人联系，弄清事情的真相。

（3）如果陌生人反复打来电话纠缠不休，不可轻易告诉对方自家情况，并立即报警。

6. 如何防范抢、盗、骗

6.1 遇到拦路抢劫要沉着自卫

抢劫是以非法占有为目的，抢走受害人财物的一种恶性犯罪。拦路抢劫多发生在比较偏僻的地方，发案时间常在晚上、深夜或凌晨，因为在这种地方和时间内，行人、车辆稀少，便于歹徒作案。遇到歹徒抢劫该怎么办呢？

（1）不要惊慌，要保持冷静。面对歹徒，一般不要盲目乱跑，因为歹徒的目的是抢劫钱财，急于逃走可能会遇到歹徒的伤害。

（2）如果感觉自己对付不了歹徒，可将随身携带的钱财或物品先交给歹徒，以保证自己的生命安全，同时记住歹徒的相貌、衣着、身高、口音和逃跑方向、交通工具及车牌号等，寻找机会及时报警。

（3）寻找机会求救，一旦看准时机便向有人、有灯光的地方奔跑。

（4）如果歹徒人数较少，在有群众路过时，可趁歹徒不备突然跑开并高声呼救，在群众的协助下将歹徒吓跑或扭送公安机关。

6.2 走在街上防飞车歹徒

街头飞车抢劫财物，多发生在僻静的街道、小巷及便于逃跑的岔路口、广场等地方。歹徒抢劫的目标多选单身女性，趁人不备时抢夺其提包或挂在胸前的手机、项链等。飞车抢劫的歹徒多为两人合伙作案，两人常骑一辆摩托车，在靠近抢劫目标时，坐在后面的歹徒在瞬间抢走目标的物品。歹徒还常采取殴打、恐吓、威逼等手段，抢劫独自在僻静街巷的行人。大家该怎样防备飞车抢劫呢？

（1）尽量远离机动车道，走在街道上时，应将包挎在自身靠近便道内侧一方。

（2）买东西、打电话时要注意身边是否有可疑的陌生人，特别是骑摩托车和自行车的人。不要边走路边打手机，手机也不要挂在胸前。

（3）一旦发现有骑摩托车的可疑人尾随，可迅速站到大树、汽车等障碍物后面，或就近避入临街商店内。

（4）停自行车时一定要将车锁好，不要把装有贵重物品的提包遗忘在车筐内或车架上。骑车时如果车筐内放有提包，应把包带绕在车把上。

（5）一旦被抢，切勿慌乱，要努力记清歹徒的体貌特征、所驾摩托车的颜色、牌号及逃跑方向，及时拨打110报警。

6.3 公交车上防偷盗

公交车上是发生偷盗案件最多的场所，小偷经常利用乘客上下车和车内拥挤时进行偷盗。小偷团伙作案也时有发生，偷盗时互相掩护、传递赃物，甚至以暴力伤害揭露他们作案的乘客和被盗者。乘坐公交车时怎样防偷盗呢？

（1）上下车时别拥挤，要排好队有序上下车。不要为占座位而争相挤抢，要礼貌互让，照顾老、弱、病、残、孕妇和儿童。

（2）在上车前准备好零钱，尽量不要在外衣、裤兜里放钱包、现金、手机等。现金、手机要放到衣服里兜，把外套的纽扣拉锁扣好拉好，不给小偷留下可乘之机。

（3）上下车时，不要将包背在身后，要把包置于胸前，以防小偷割包、掏包。

（4）上车后要警惕故意挤撞的可疑人，对一直紧贴身旁的人尤其要小心，防止小偷利用汽车起步、停车、拐弯、急刹车的时候顺势行窃。

（5）如果发现手机被盗，可以马上向其他乘客借手机拨打自己的手机号码，如果小偷没来得及关机即可循铃声抓住小偷。

（6）当发现小偷正在偷别人的钱包时，可大声叫喊“我的钱包不见了”，从而间接提醒别人，必要时及时拨打110报警。

6.4 开车外出防盗抢

现在很多家庭拥有了自己的汽车，但人们开车外出的安全经验还不够丰富，稍有不慎就可能被歹徒盗抢了车内的财物。在开车外出时怎样防盗抢呢？

（1）开车门前要注意周围有没有可疑的人，上车后应首先按下门锁，以防歹徒强行开门进行抢劫。

（2）停车后，车门及后备箱要锁好。车内不要放贵重物品，以防歹徒发现贵重物品后砸碎车窗玻璃进行盗抢。

（3）临时停车时，如有人来问事情，要警惕是否有其他人从副驾驶后面开着的车窗偷抢车内的物品。

（4）驾车时如出现爆胎或其他故障，首先要看好自己的物品再去查找原因，防止歹徒趁机盗抢。

（5）在商场购物后，如发现自己的车旁有可疑人守候或走动，先不要急于上车，可请商场保安陪同自己到车旁，再开车驶离。

6.5 乘火车时防盗窃

火车站的候车室人多杂乱，是偷窃案件经常发生的场所。由于旅客乘火车时常携带很多行李，有时需要在候车室等候较长时间，所以要格外小心看护自己的行李。

（1）在候车室候车时，不要与上前搭讪的陌生人谈话，更不要把自己的个人及家庭信息透露给陌生人。要时刻留意自己的行李物品。

（2）不要接受和食用陌生人给的食品和饮料。

（3）夜间不要在候车室打瞌睡，谨防扒手趁机调包、偷盗。

（4）上车后，要把行李放在自己的视线范围之内，不要放在自己不易看到的地方，以防被调包、拎包等。如单身外出，在旅途中可与邻座的旅客互相提醒。

（5）火车上座椅和床铺的下面都是相通的，比较隐蔽，为避免小偷顺手牵羊，尽量不要把行李放在座椅或床铺下面。

（6）不要把装有钱物的外套挂在衣帽钩或椅背上，以防小偷以挂衣服找座位为幌子进行偷盗。

6.6 在提款机取款时防骗抢

银行的自动提款机为储户取款提供了方便，但由于自动提款机多设在银行服务大厅外，很少有银行工作人员和保安在旁监护，也为一些歹徒骗抢储户的钱财提供了机会。在储户操作自动提款机时，歹徒常用各种手段分散储户的注意力，再由同伙趁机用假卡把真卡换走，或趁储户不备将钱款抢走，甚至以暴力伤害储户。您在自动提款机取款时怎样防骗抢呢？

（1）歹徒通常在银行下班后作案，因此在银行下班后使用自动提款机时，应格外警惕，可先观察周围的情况，如果发现有人尾随、偷窥，应尽快离开。

（2）如必须在夜间使用自动提款机取款，应找人陪伴，提取现金后迅速离开。

（3）操作自动提款机时要注意周围情况，如有人以各种理由靠近机器或上前搭话，应要求其与自己保持一定的距离。在输入密码时要用身体遮挡键盘，确保密码不被他人看到。

（4）若操作中受到干扰，储户在完成所有操作后，要仔细核对取回的银行卡和交易清单，确认没有被人趁乱调包才可离开。如果遭到骗抢，应及时拨打110报警。

（5）如果不熟悉自动提款机的操作，在银行上班时，可以请银行工作人员或保安提供帮助。

6.7 提防孩子被拐骗

拐骗孩子的歹徒有很多作案方法，如用糖果引诱孩子，或谎称是孩子的亲属来接孩子回家，甚至以恐吓、麻醉等手段强行劫持或拐卖。家长怎样提防孩子被拐骗呢？

（1）家长要告诉孩子一些防范的知识，让孩子记住家里、父母单位和110报警电话，以及家庭地址、父母的姓名和工作单位，万一遇到紧急情况可以想办法联系家人或报警。

（2）尽量不要让孩子单独夜间外出。外出时可以多找几个同学一起走，便于相互照应。外出前要告诉父母自己去哪里，大约何时回来，与谁在一起，怎样和家里联系等情况。

（3）不要让孩子单独去游戏厅、电影院等环境比较复杂的公共场所。在外面不要大手大脚地花钱，更不要炫耀家里有钱，以防被坏人注意。

（4）不要让孩子接受陌生人的请吃、请玩，不搭乘陌生人的顺路车，不要跟陌生人到离家较远的地方去。

（5）教育孩子在路上如果看到可疑的人时，不要和他们说话，要尽量远离他们。如果发现有陌生人跟踪，要往人多的地方走，可向警察求助或打电话让家人来接。如果遇到坏人企图拐骗，要敢于大声呼救，同时找机会逃跑，使坏人不敢声张和追赶。

（6）带孩子外出时一旦发现孩子走失，要立刻向所在场所的工作人员求助，必要时拨打110报警。

7. 中毒之后怎么办

7.1 食物中毒如何急救

食物中毒是由于进食被细菌及其毒素污染的食物或含有毒素的动植物，如河豚、毒蕈等引起的急性中毒。变质食品、污染水源是主要传染源，不洁手、餐具和带菌苍蝇是主要传播途径。

（1）食物中毒的症状

食物中毒的症状主要包括起病急，伴有腹痛、腹泻、呕吐等急性肠胃炎症状，常有畏寒、发热，严重吐泻，可引起脱水、酸中毒和休克。

（2）防治措施

预防食物中毒的措施具体为：

①防止细菌污染。购买的生肉必须盖有卫生检疫部门检疫图章。一定要做好食具、炊具的清洗消毒工作，生熟炊具分开使用。

②低温贮藏。肉类食品应在10℃以下低温贮藏，以控制细菌繁殖。海产品附着菌类可低温存活，要在沸水煮烫后食用。

③彻底加热。加热可杀灭病原体及破坏毒素。肉类食品必须煮熟、煮透，熟食应及时食用，剩饭剩菜要冷后再存放，食用前再重新加热。

（3）应急措施

一旦发生食物中毒的症状，须立即采取以下措施：

①停食。立即停止食用中毒食品。

②清肠。对患者采取催吐、洗胃、清肠等急救治疗措施。

③不擅自用药。反复呕吐和腹泻是机体排泄毒物的途径，所以在出现食物中毒症状24小时内，不要擅用止吐药或止泻药。

④补水。吐泻可造成脱水，须通过喝水或静脉补液及时补水。

⑤了解共食者。了解与中毒者一起进餐的其他人有无异常。

⑥上报。及时报告当地的食品卫生监督检验部门，采取病人标本，以备送检。

⑦现场处理。保护现场，封存中毒的食品或疑似中毒食品。根据不同的中毒食品，对中毒场所采取相应的消毒处理。

特别提示

催吐进行得越早，毒物清理得越彻底，可以用圆钝的勺柄伸进嘴里，刺激咽喉，引发呕吐。催吐必须在患者清醒的状态下进行，如果中毒者已经昏迷，千万不要催吐，因为呕吐物有可能被吸入气道，造成患者窒息。

现场如发现中毒者发生心跳、呼吸骤停，应立即实施人工呼吸和体外心脏按压术，使其维持呼吸、循环功能。

7.2 酒精中毒如何急救

一次饮用大量的酒类饮料会对中枢神经系统产生先兴奋后抑制作用，重度中毒可使呼吸、心跳受到抑制，导致死亡。

（1）中、轻度酒精中毒

首先要制止其再继续饮酒，可让其静卧，最好是侧卧，以防吸入性肺炎，注意保暖，可适当吃些水果解酒，如葡萄、西瓜、橘子等。

（2）重度酒精中毒

催吐是最常用也是最有效的办法，可以用刺激咽喉的办法引起呕吐反射，将酒等胃内容物尽快呕吐出来，然后用1%碳酸氢钠（小苏打）溶液洗胃。安排其卧床休息，注意保暖，注意避免呕吐物阻塞呼吸道。观察呼吸和脉搏的情况，如无特别，一觉醒来即可自行康复。

特别提示

正常人的呼吸是均匀的，每分钟16～20次，如果卧床休息后呼吸减慢或不规则，或者出现抽搐、大小便失禁等情况，为危险症状，应马上送医院救治。

7.3 安眠药中毒如何急救

安眠药对中枢神经系统有抑制作用，少量服用可催眠，过量则可致中毒。安眠药的急性中毒症状因服药量的多少、时间、空腹与否，以及个体体质差异不同而轻重各异。中毒者宜速送医院诊治。安眠药中毒的急救措施，主要包括以下几种：

（1）如病人清醒，在中毒6小时以内时，可刺激咽喉催吐，用水或1:2000～1:5000高锰酸钾溶液洗胃。如超过6小时，药被吸收，洗胃作用不大，可用硫酸钠20克导泻（忌用硫酸镁）。

（2）及时清除口、鼻内的分泌物，保持呼吸通畅。呼吸困难立即吸氧。

7.4 煤气中毒应如何急救

当发现有人煤气中毒时，应采取以下方法急救：

（1）将中毒者迅速救出煤气危险区域，抬到空气新鲜、通风良好的地方，松解衣服和排除口中、鼻中杂物，注意保暖，不要将火种带入现场。

（2）对头痛、恶心、呕吐等轻微中毒者，可以直接送附近医院急救。

（3）对失去知觉、口吐白沫等严重中毒者，应迅速请医务人员现场救治，然后由医务人员陪同，送往医院急救。

（4）对已停止呼吸者，应在通知医院的同时，在现场立即做人工呼吸或使用苏生器急救。中毒者在恢复知觉前，不要用急救车送往较远的医院急救，应就近送往医院抢救时，途中要有有效的急救措施，并伴有医务人员护送。

（5）在急救中毒者的同时，应派人排除漏气事故。

8. 发生火灾如何自救

8.1 房间发生火灾时如何急救

火灾初起时就被发现，可趁火势很小之际，用灭火器、自来水等灭火工具在第一时间去扑救。

若门锁温度正常或门缝没有浓烟进来，说明大火离自己尚有一段距离，此时可开门观察外面通道的情况。开门时要用一只脚抵住门的下框，以防热气浪将门冲开。在确信大火未对自己构成威胁的情况下，尽快逃离火场。

假如房门已感到烫手，此时一旦开门，火焰与浓烟必迎面扑来。这时应关紧迎火的门窗，打开背火的门窗，用湿毛巾、湿布堵塞门缝或用水浸湿棉被蒙上，然后不停地用水淋透，防止烟火渗入，直到救援人员到达。

在火场中，时间就是生命，不要因为顾及贵重物品而丧失了逃生良机。逃生过程中，千万不要乘电梯。

8.2 公共汽车着火时如何正确逃生

公交车人员密集，一旦着火往往造成大量人员伤亡，如何在公交车突发火灾时逃生呢？

（1）如果突发火灾，一定要保持头脑冷静，不要慌乱，公交车上备有灭火器，要迅速发现火源，喷射灭火器，制止火势的蔓延。

（2）公交车一旦发生燃烧，最重要的逃生出路就是车门和车窗。现在很多空调公交车车窗都是全封闭的，公交车窗户旁配有红色的“安全锤”，紧急情况下，取下安全锤，用力砸击车窗。有些车窗上会标明正确的破窗点，遇到危险，应首先用安全锤用力砸击标记的破窗点；如果没有标明破窗点，则用力砸击车窗四个边角。

（3）公交车头顶也有两个紧急逃生出口，只是很多时候人们容易把它错认为是通风口。这两个位于车厢顶部的逃生窗，在紧急情况下旋转红色开关，也能打开窗口逃生。

（4）司机在火灾发生的时候应该将车辆驶往人烟稀少的位置，将乘客疏散至安全地点。如果公交车是在加油站等容易发生爆炸的场所起火，应该立即将车驶离。

特别提示

乘客不要慌乱，要在司机的指挥下紧急疏散。在乘坐公交车时，请严格遵守各项规定，不要携带酒精、汽油、天然气等易爆易燃物品，以免发生意外。

9. 发生恐怖袭击如何急救

9.1 发现可疑爆炸物和爆炸事件怎么办

恐怖袭击多发生在公共场所，如商场或集贸市场、体育场馆或娱乐场所、地铁、宾馆等处，在这些场所如发现可疑爆炸物或爆炸事件怎么办呢？

（1）不要触动可疑爆炸物并及时报警、迅速撤离。

（2）有条件时可用手机等拍下可疑爆炸物，为警方提供线索。

（3）遇到爆炸事件要就近隐蔽或者卧倒，最好能躲在简易遮挡物后面，注意保护头部和胸部。

（4）保持镇静，服从工作人员的指挥，注意安全疏散指示和标志；选择最近的安全出口有序撤离现场，避免因拥挤、踩踏造成伤亡。

（5）如在地铁列车上，可迅速按下列车报警按钮，使司机在监视器上获取报警信号。不要不顾危险拉门、砸窗、跳车等。

（6）如现场光线较暗，不要用打火机点火照明，以免引起再次爆炸或燃烧。

（7）尽快拨打110报警，将现场观察到的可疑人、可疑物向警方报告，协助警方调查。

（8）在环境安全许可的情况下，实施自救和互救。

9.2 遇到枪击时的自我保护措施

如果遇到枪击事件，应采取哪些自我保护措施呢？

（1）立即低头蹲下或趴下，不要站立，尽快躲避到掩蔽物后面。有效的掩蔽物应不能被枪弹击穿，且体积比较大能挡住自己的身体，如大树干、汽车前部的发动机和轮胎等。

（2）木门、玻璃门、垃圾桶、灌木丛、柜台、场馆内座椅、汽车门和尾部等不能挡住子弹，不能作为掩蔽物；有的物体形状不规则，如假山、观赏石等，受到枪击后容易产生跳弹而伤及躲避者，也不能作为掩蔽物，但这些物体能够起到掩蔽作用，有利于躲避者下一步的撤离。

（3）判明枪击方向，利用掩蔽物向枪击相反的方向快速撤离；在情况不明时要注意隐蔽，不要四处乱跑。

（4）尽快拨打110报警，将现场观察到的可疑人、可疑物向警方报告，协助警方调查。

（5）在环境安全许可的情况下，实施自救和互救。

9.3 遇到劫持要沉着应对

劫持是恐怖分子常使用的恐怖袭击手段之一。万一您乘坐的汽车、轮船或飞机遭到恐怖分子劫持，该如何应对呢？

（1）保持冷静，不要反抗，相信政府会积极、妥善地解决问题。

（2）不与恐怖分子对视或对话。

（3）尽可能保留和隐藏自己的通信工具，及时把手机改为静音，寻找适当的时机用手机短信通知亲友向警方求救。短信内容应包括：自己所在的位置、知道的人质和恐怖分子人数等。

（4）注意观察恐怖分子的活动和恐怖组织的头目，努力记住相关情况，以便事后向警方提供证言。

（5）在警方发起突击的瞬间，要尽量趴在地上，并在警方的掩护下脱离现场。

第7章

新市民心理健康指导

健康，不仅是身体的健康，心理健康也是不可分割的一个组成部分。新市民在重视身体健康的同时，千万不要忽视了心理健康。

1. 如何正确地认识自己

古希腊人曾把“能认识自己”看作是人的最高智慧，我们也常说“人贵有自知之明”。然而，生活中却常有这样的现象：有些人容易看到自己的优点和长处，却看不到自己的弱点和不足；有些人看到自己的很多问题，但却看不到自己的优点和长处；等等。

事实上，这种现象的产生是正常的。我们常常处于各种不同的评判和议论之中，有人赞许、称颂，有人批评、责怪，甚至歧视。在这各种各样的议论中，你能正确地分清哪个是真正的“你”吗？你是从这些评价和议论中汲取有益的营养丰富自己、改造自己呢，还是丧失了自主精神与独立人格而淹没在他人的评议中呢？

1.1 要从外在、内在和长处、短处认识自己

既要从自身形象，如举止、风度、谈吐，又要从内在素质，如学识、道德、能力等审视自己。人是外在和内在的统一，内在的美对外在的美起促进作用。要看自己的优点和长处，也要看到自己的缺点和不足。特别需要注意的是，我们应该多关注自己的优点和长处，要用欣赏的目光来看自己。因为只有先看得起自己，才能坦然面对自己的不足。但是如果我们只看到自己的优点，看不到自己的不足，处处用自己的长处比别人的短处，我们就会沾沾自喜，骄傲自大。

1.2 要用发展的眼光认识自己

每个人都在成长变化中，俗话说“士别三日，当刮目相看”。我们的内在、外在、优点、缺点也不是一成不变的。只要我们努力学习，在工作中踏实、刻苦，就一定能不断发现自己的优点和缺点，通过自己的努力，不断改正自己的缺点来完善自己。

1.3 认识自己的途径

一是通过自我观察认识自己。要认识自己，我们必须要做一个有心人，经常反省自己在日常生活中的点滴表现，总结自己是一个什么样的人，找出自己的优点和缺点。自我观察是我们自己教育自己、自我提高的重要途径。二是通过他人了解自己。人们常说“当局者迷，旁观者清”。周围的人对我们的态度和评价能帮助我们认识自己、了解自己。我们要尊重他人的态度与评价，冷静地分析，但也不能盲目相信。

2. 什么是心理健康

2.1 心理健康的含义

心理健康是指个人能够充分发挥自己的最大潜能，以及妥善地处理和适应人与人之间、人与社会环境之间的相互关系。具体来说，心理健康至少应分为两层含义：一是无心理疾病；二是具有一种积极发展的心理状态。

2.2 心理健康的标准

目前关于心理健康的标准没有一致的看法，但一般来讲具有如下特征：

（1）了解自我的现状和特点，接受自己的优点和不足。

（2）能有意识地驾驭自己的生活，控制自己的行为，把握自己的命运。

（3）不受无意识力量的支配，也不受他人的支配。

（4）有独立和自主的需要。

（5）能专注于工作，献身于事业。

（6）有良好的人际关系。

（7）关心别人，具有给予爱和接受爱的能力。

（8）注重现在的体验，不注重过去的不幸或创伤，也不沉迷于所渴望的未来。

2.3 心理健康标准的相对性

心理健康与不健康之间实际上并没有明确的界限，正常与异常之间的区别主要是在量上的差异，问题的关键在于健康、异常两方面行为发生的频率和程度。异常行为若是屡屡出现，持久而毫不间断，便足以视为问题。异常是基于正常的标准，不断与其他人做比较。现代心理卫生学认为，健康与疾病不是对立的，它们之间没有明确的界限。而且，心理健康并不是某种固定的状态，它会因社会、心理、生物等因素影响而发生变化。心理健康与否只能反映某一时间内的特定状况。因此，心理健康的标准也只是一个相对衡量尺度，只要个人在较长的一段时间内持续保持良好的心境，就可以认为是心理健康的。

3. 如何调节情绪

有许多人认为："人不应该有情绪"，所以不肯承认自己有负面的情绪。其实，人一定会有情绪的，压抑情绪反而带来更不好的结果，学着体察自己的情绪，是情绪管理的第一步。

传统上，我们否定某些情绪，称它们为负面情绪，因为它们使做事的能力减低，使别人看不起自己，觉得自己不成熟，甚至引起别人讨厌自己，例如焦虑、担心、愤怒、悲伤等。

事实上，情绪本身并没有正负面之分，因为负面情绪也能使我们有所收获，只要我们明白它们的正面意义。

以下介绍一些不良情绪缓解的方法。

3.1 适度宣泄

过分压抑只会使情绪困扰加重，而适度宣泄则可以把不良情绪释放出来，从而使紧张情绪得以缓解、放松。因此，遇有不良情绪时，最简单的办法就是"宣泄"。宣泄一般是一个人或与知心朋友一起，通过沟通释放不良情绪。采取的形式或是尽情地向至亲好友倾诉自己认为的不平和委屈，或是通过体育运动、劳动等方式来尽情发泄，或是到空旷的山林原野，发泄胸中怨气。

当然，你在采取宣泄法来调节自己的不良情绪时，必须增强自制力，不要随便发泄不满或者不愉快的情绪，要采取正确的方式，选择适当的场合和对象，以免引起不良后果。

3.2 积极的自我暗示

心理暗示，从心理学角度讲，就是个人通过语言、形象、想象等方式，对自身施加影响的心理过程。积极自我暗示，在不知不觉之中对自己的意志、心理以至生理状态产生影响，积极的自我暗示令我们保持好的心情、乐观的情绪、自信心，从而调动人的内在因素，发挥主观能动性。心理学上所讲的“皮格马利翁效应”也称期望效应，就是讲的积极的自我暗示。

相关链接

皮格马利翁效应

皮格马利翁是古希腊神话中塞浦路斯国王。这个国王性情孤僻，常年一人独居。他善于雕刻，孤寂中用象牙雕刻了一座表现了他理想中女性的美女像。久而久之，他竟对自己的作品产生了爱慕之情。他祈求爱神阿佛罗狄忒赋予雕像以生命。阿佛罗狄忒为他的真诚所感动，就使这座美女雕像活了起来。皮格马利翁遂称她为伽拉忒亚，并娶她为妻。后人就把由期望而产生实际效果的现象叫作皮格马利翁效应。

我们可以利用语言的指导和暗示作用，来调适和放松心理的紧张状态，使不良情绪得到缓解。心理学的实验表明，当个人静坐时，默默地说“勃然大怒”、“暴跳如雷”、“气死我了”等语句时心跳会加剧，呼吸也会加快，仿佛真的发起怒来。相反，如果默念“喜笑颜开”、

“兴高采烈”、“把人乐坏了”之类的语句，那么他的心里面也会产生一种乐滋滋的体验。由此可见，言语活动既能唤起人们愉快的体验，也能唤起不愉快的体验；既能引起某种情绪反应，也能抑制某种情绪反应。因此，当我们在生活中遇到情绪问题时，我们应当充分利用语言的作用，用内部语言或书面语言对自身进行暗示，缓解不良情绪，保持心理平衡。比如默想或用笔在纸上写出下列词语“冷静”、“三思而后行”、“镇定”等。实践证明，这种暗示对人的不良情绪和行为有奇妙的影响和调控作用，既可以松弛过分紧张的情绪，又可用来激励自己。

3.3 情景转移

注意力转移法就是把注意力从引起不良情绪反应的刺激情境转移到其他事物上去的自我调节方法。

当你出现情绪不佳的情况时，要把注意力转移到使自己感兴趣的事情上，如：外出散步，看看电影、电视，读读书，打打球，下盘棋，找朋友聊天，换换环境等，有助于使情绪平静下来，在活动中寻找到新的快乐。

这种方法，一方面中止了不良刺激源的作用，防止不良情绪的泛化、蔓延；另一方面，通过参与新的活动特别是自己感兴趣的活动而达到增进积极情绪体验的目的。

3.4 自我安慰

当一个人遇有不幸或挫折时，为了避免精神上的痛苦或不安，可以找出一种合乎内心需要的理由来说明或辩解。这种方法，对于帮助人们在大的挫折面前接受现实，保护自己，避免精神崩溃是很有益处的。比如，对于失恋者来说，想到“失恋总比结婚后再离婚要好得多”，便可减轻因失恋带来的痛苦。因此，当人们遇到情绪问题时，经常用“胜败乃兵家常事”、“塞翁失马，焉知非福”、“坏事变好事”等词语来进行自我安慰，可以摆脱烦恼，缓解矛盾冲突、消除焦虑、抑郁和失望，达到自我激励，总结经验、吸取教训之目的，有助于保持情绪的安宁和稳定。

相关链接

塞翁失马

战国时期有一位老人，名叫塞翁。他养了许多马，一天马群中忽然有一匹走失了。邻居们听到这事，都来安慰他不必太着急。塞翁笑笑说："丢了一匹马损失不大，没准还会带来福气。"

果然没过几天，丢的马不仅自动回家，还带回一匹骏马。邻居听说马自己回来了，向塞翁道贺说："还是您老有远见，马不仅没有丢，还带回一匹好马，真是福气呀。"塞翁却忧虑地说："白白得了一匹好马，不一定是什么福气，也许惹出什么麻烦来。"

果然塞翁的独子因为骑马摔断了腿。邻居听说，纷纷来慰问。塞翁说："没什么，腿摔断了却保住性命，或许是福气呢。"邻居们觉得他又在胡言乱语。他们想不出，摔断腿会带来什么福气。

不久，匈奴兵大举入侵，青年人被应征入伍，塞翁的儿子因为摔断了腿，不能去当兵。入伍的青年都战死了，唯有塞翁的儿子保全了性命。

3.5 交往调节

某些不良情绪常常是由人际关系矛盾和人际交往障碍引起的。因此，当我们遇到不顺心、不如意的事，有了烦恼时，能主动地找亲朋好友交往、谈心，比一个人自怨自艾要好得多。因此，在情绪不稳定的时候，找人谈一谈，具有缓和、抚慰、稳定情绪的作用。另一方面，人际交往还有助于交流思想、沟通情感，增强自己战胜不良情绪的信心和勇气，能更理智地对待不良情绪。

3.6 情绪升华

升华是改变不为社会所接受的动机、欲望，使之符合社会规范和时代要求，是对消极情绪的一种高水平的宣泄，是将消极情感引导到对人、对己、对社会都有利的方向去的办法。

相关链接

苏格拉底的小房子

古希腊哲学家苏格拉底原先和几个朋友住在一间只有七八平方米的房子，友人认为他居住的条件太差了，他说："朋友们住在一起，随时可以和他们交流感情，是值得高兴的事啊。"

几年后，他一个人住，又有人说他太寂寞了，他又说："我有很多书啊，一本书就是一个老师，我和那么多老师在一起，怎么不高兴呢？"

之后，他住楼房的一楼，友人认为一楼的环境差，"你不知道啊，一楼方便啊，进门就到家，朋友来方便，还可以在空地上种花、种菜什么的。"

后来，他又搬到顶楼，有人说住顶楼没好处，"好处多啊，每天爬楼锻炼身体啊，顶楼光线也好。头顶上没干扰，白天晚上都安静。"

4. 如何培养健康情绪

培养积极健康情绪的方法有：

（1）树立正确的人生追求，人生最大的意义在于贡献、给予他人幸福和成功。

（2）拥有宽广的胸襟，对待生活琐事视野开阔，胸怀旷达，不为微小的东西大动情感。

（3）理性地适应生活。

（4）寻找身边的欢乐，保持欢乐愉快，意气风发。

（5）提高自我意识。自我意识是心灵的控制点，我们把自己想象成什么样的人，就会按那种人的方式行事，当做了一切有意识的努力，就会"注定"成功。

（6）让自信心更加强大。恐惧源于不自信，源于无知，源于我们意识不到我们自身的财富和力量。人来到这个世界，上天就给了我们一笔巨大的财富和力量，有的人会利用这笔财富和力量，有的人到死都不知道这笔财富和力量的存在。

（7）保持微笑。

（8）不低估自己，不高估别人。坚定告诉自己：我能行！

（9）勇往直前，不让别人的批评或意见左右我们。别人的批评意味着：我们已经开始走向成功，引人注意了。

（10）做驾驭情绪的高手。杜绝情绪化决策，向愤怒告别（愤怒是指当某人在事与愿违时做出的一种惰性反应），积极向前。

5. 如何排解生活和工作压力

每个人都难免会遇到工作生活压力，因此要学会缓解压力。

5.1 工作压力缓解

工作压力是指因工作负担过重、变换生产岗位、工作责任过大等对人产生的压力。

（1）学会时间管理

很多新市民不善于管理自己的时间。如果能恰当地安排好时间，那么在既定的时间段内所必须完成的任务就不至于落空。与无序者相比，在相同的时间段内，有序者能够完成无序者两倍或三倍的任务。因此，理解并学会应用基本的时间管理原则有助于应对工作带来的压力。

（2）加强体育锻炼

加强体育锻炼是一种很有效地缓解和消除工作压力的方法。非竞技性的活动，可以对付较高水平的压力，例如增氧健身法、散步、慢跑、游泳、骑自行车等，有助于使人从工作压力中解脱出来。

（3）学习并运用放松技巧

通过各种放松技巧，如自我调节、催眠、生物反馈等方法，员工自己可以减轻紧张感。进行放松活动的目标是员工从中可以体会到自己身体彻底放松了，没有了身体的紧张感。每天进行15分钟或20分钟的深呼吸练习，有助于减轻紧张感，使人感到平和。

（4）限制饮食

在处理压力时，饮食扮演着重要而直接的角色。含糖量高的食物会刺激延长压力反应，高胆固醇的食物影响身体健康。良好的饮食习惯不仅有利于身体健康，而且能提高个人应对压力的能力。

（5）扩大社会支持网络

当压力感过强时，通过与朋友、家人、同事聊天可以排遣压力。因此，扩大自己的社交网络是减轻压力的一种手段。这样，在你有问题时，就会有人来倾听你的心声，并帮助你对问题进行客观地分析。较多的人际交往能够减轻因工作压力过大而累垮的可能性。

5.2 生活压力缓解

对于新市民而言，也需要学会管理自我生活中的一些压力。可以通过“三个一法”来管理生活中的压力，从而更好地工作生活。

（1）一个空间

一个空间就是指个人的心灵空间，创造一个自己专属的心灵空间，管理生活中的压力。

换一种说法就是给自己的思想和身体留出一定的缓冲地带，不管每天多么的繁忙。比如可以在晚上入睡之前，安静地躺在床上回顾自己一天的生活。

在遇到棘手的问题的时候，给自己一个理由，沉思冷静三分钟，可能会有想不到的效果，压力当然也会随之减轻。

（2）一张滤网

一张滤网就是指为自己制造一张无形的滤网。

每个人每天都会面临工作生活中很多繁杂的事物，如果想每件事情都尽如人愿，做得十分完美，结果是眉毛胡子一把抓，最后是什么也干不好，适得其反。

给自己制造一张滤网，分清轻重缓急地去处理问题。需要急办的马上着手；需要别人协助办理的，妥善安排；能缓办的，给自己制订一个日程计划，循序渐进，有条不紊地干好。一件件地处理，所承受的压力就会得到分解。

（3）一所小屋

亲手搭建一所温馨的、只属于自己的“小屋”。

这个“小屋”不是实体的屋子，而是装载心灵的小屋。它藏在内心的深处，可以是QQ空间、博客或者是加密的日记簿。可以把所有的烦恼和伤心，成就和喜悦记载下来。可以在小屋里时刻审视自我，整理自己的衣冠，反省不足。在记录点点滴滴的同时，生活压力就会得到释放。

6. 如何与别人快乐交往

我们每个人都是社会中的一员，都需要别人的理解、支持和帮助，彼此依存。这些理解、支持和帮助就是心理学中所说的社会支持，它对于我们每个人的身心健康都有着十分重要的意义和作用。

6.1 主动与他人交往

人需要交往，但有时发现真正的朋友很少。造成这种状况的原因是人们在交往上总是采取消极、被动、退缩的方式，总是等着别人先来接近、理解、关心、接纳自己，却不懂得主动走向别人，主动理解、关心、接纳别人。尤其当人们到一个陌生的环境中时，这种消极被动更加明显。

这主要是因为我们对自己缺乏自信。自我接纳是良好人际关系的前提。其次人们在人际关系方面有许多误解，主动与人交往并不意味着你要去“讨好”对方，那是观念上的错误。主动交往实际上在别人眼里是热情友好、自信大方的表现。会让你拥有更多的朋友，变得更加自信而不是失去自尊。就算再退一步想，也许有人不回应你，那也只是他失去了结交你这个朋友的机会，但是你自己没有任何损失。生活中如果没有人主动和别人交往，就不会产生友谊、爱情这些美好的人际关系。

6.2 分清自己的角色

角色是人们的社会身份，比如学生、工人、农民、医生、教师，同时也可能是儿子或女儿、丈夫或妻子、父亲或母亲。我们在与别人的交往中，要注意自己扮演的角色。哪些语言和行为是恰当的，哪些是不合适的，这样你就会受人欢迎，时时刻刻知道自己的角色是什么，自己应该如何表现。

6.3 学会倾听

生活中经常会听到有人抱怨，“怎么就不懂我的意思呢？”但是如果反问一句“你懂他的意思吗？”恐怕很多人也没办法回答，因为自己也没有想过去理解别人，他想到的只是表达自己，然后让人理解自己。可以试想，两人都在说话，谁都没有听到对方在说什么。这样的谈话或者沟通有什么意义呢?

我们常常错误地认为沟通就是要去表达，但总是忘了沟通的目的。沟通的目的就是让我们少说多听，我们只有在倾听的基础和前提下进行表达，才能更完整地理解对方的意思，从而让我们和他人更好地交流。

在倾听时有些小技巧可以帮助我们。

注视对方，鼓励他开口。这样会让说话的人觉得我们很尊重他的意见，对建立融洽的关系很有帮助。

不是非常必要时，不要打断别人的话。经常打断别人是不礼貌的，让人觉得较难相处。应该等别人把话说完再表达自己的观点。

给对方一些反应。别人说话时，要对他的话有些反应，让他知道你理解了他说的内容。这样他会觉得自己很重要，双方才能进一步谈话，成为更好的朋友。

尊重别人的看法和观点。我们每个人都是不同的，看法和观点也肯定不同，但我们要尊重对方的观点。这是良好沟通的前提。

7. 如何协调与维护夫妻关系

夫妻关系是一种最亲密的人际关系。两个独立的个体如何结合成一个和谐的整体，夫妻间怎样营造温馨的家庭氛围，也是一门生活的艺术。

7.1 心理交换

如果说爱对方，是为了交换什么，得到什么，那就太庸俗了。不少夫妻总是错误地认为“已经是老夫老妻了，无所谓了”。继而在日常生活中把夫妻关系形成单向的，有来无往的，往往事情到了不可挽回的时候，才知道问题已经发生。据有关调查资料表明：有80%婚外性关系的发生是与夫妻间没有充分的感情交流有关。夫妻之间主要是心理方面的交换。将心比心，以心换心，要多想想：“他（她）待我这么好，我要为他（她）做些什么？”“我希望在家中感到温暖、愉快，那么怎样也使他（她）温暖、愉快？”如果能经常地自觉地问自己这些问题，夫妻关系就会更上一层楼。

7.2 角色平衡

应该承认夫妻间完全没有差异是不现实的，因为有些差异确难避免，而有些人轻视这些差异，造成了家庭的解体。但是，在承认差异的同时，夫妻双方还得学会将差异转化的本领。每当两人有步伐不一致的时候，要马上警觉到这种变化，如一方平时有某种业余爱好，或消费观念不同，此时夫妻间应保持理智，理应互敬互爱，缩小和消除夫妻间的“角色差异”，以真诚地理解，互相接近来实现“角色平衡”，取得另一方的信赖和谅解。

7.3 讲点“废话”

很多夫妻结婚后总感觉生活中缺少点什么，天天在一起只剩下干巴巴的实话，难免一方怏怏不乐地诉说，“我那口子像个木头人，同他（她）没啥话好讲，不如到外面逛逛去。”要知道，这时最有可能使“第三者”有机可乘。恋爱时，夫妻双方大都是通过一些琐碎而无关紧要的“废话”来倾诉柔情蜜意。同样在婚后，夫妻间的“废话”是传达感情、信任、尊重的信息波。夫妻的感情就像小河塘里的水，不流不动太平静了，反倒容易干涸。比如，妻子大冷天洗衣服，做丈夫的不妨讲一句：“今天洗衣服蛮冷的，你辛苦了。”妻子当然能听出这“废话”里有你的感激与体贴。夫妻间一方对另一方的体贴，妙就妙在点点滴滴，一丝一缕的“不知不觉”之中。但是废话唠叨不休，也会适得其反，所以务请掌握好这个度。

7.4 多点安慰

人生旅途不可能事事如意，当一方遇到烦恼时，另一方应以温柔来抚慰对方的心灵。有道是“一句好话暖三冬”，一份忧愁若两人分担，忧愁只有一半。

7.5 暂时沉默

现在大多数家庭进入二人或三人世界，矛盾不断，拌嘴时有发生。保持沉默，总比大家拉开喉咙大声吵嚷要好，家庭生活有些矛盾总不希望张扬，与其双方大声争吵，还不如暂时沉默为好，而且在沉默之中，夫妻双方都可能冷静下来，沉思和反省自己。但是，沉默时间不能长久，要想到打破沉默的局面。双方的气量都要大一点，要争取主动，主动一方并不等于有错。和谐美满的夫妻关系，才是家庭生活成熟的表现。

8. 如何与孩子建立良好关系

8.1 每天要有个良好的开端

尽量和孩子一起营造一个平和温馨的早晨，早起一刻钟，有条不紊地做每一样事情，和孩子共进早餐是很重要的，别忘了给孩子一个拥抱、一个吻，或者对孩子说几句鼓励的话，早上一个良好的开端将给孩子极大的信心去面对这一天。

8.2 多听听孩子的心声

经常和孩子交流，回答孩子提出的种种问题，这样做一方面大大稳定了孩子的情绪，同时也使你和孩子的关系更为牢固。

8.3 给孩子讲讲你的工作

小孩子都是好奇的，想知道上班是怎么回事。要是你能给孩子讲讲你的工作，他就会晓得“妈妈是制作衣服的”或“爸爸是修汽车的”之类。到十岁左右，孩子就会对与工作有关的方方面面有进一步的了解，诸如工作职责、工作中遇到的挫折、规章制度、日程安排等等。

8.4 不要把工作带到家里

父母在家里还要工作是最让孩子生气的。孩子不能和大人一起玩也就罢了，还得避免干扰大人。听听孩子们是怎样模仿大人的腔调的吧：“别烦我！”“没看见我在忙嘛？”“你又想干什么？”无怪乎许多孩子会觉得大人不愿理睬他们。

第8章

新市民网络生活指导

信息化时代给人带来便利的同时，也带来了很多困惑，比如如何识别不安全因素，如何保证自身信息、财产安全。新市民在学习如何利用网络资源的同时，也要学会在网络上保护自己的安全。

1. 如何利用网络休闲娱乐

网上有大量的娱乐网站，娱乐节目应有尽有，有名著、名片、名曲欣赏，有好看好玩的游戏，还能通过网络收看各种节目，新市民可以随意选择自己喜欢的网站和栏目。

2. 如何利用网络资源辅助学习

网上有大量的信息资源，可以满足人们的学习要求。权威人士称，网络学习是未来学习的主要方式。网上学习，不仅接触到的学习资源更多，而且知识交流更快更方便。有时发一封电子邮件就能解决许多问题。鼠标一点，大千世界便尽收眼底，为人们的求知和学习提供了良好的途径和广阔的空间。

在互联网上有很丰富的资源可供利用：

（1）一般在大的bt发布站（如BtChina）可下载电子书、教学软件（或课件）、视频等学习资料。

（2）不妨去一些免费电子书下载网站看看（如公益电子书）。

（3）如果你想学习外语，有以下途径可以快速找到自己需要的资源：一是直接访问国外网站，多读多看，必有进步；二是利用在线词典（如百度词典 、金山词霸在线词典）随时查询自己不会的单词、短语；三是收听国外网络广播（可以看看微软的电台指南），了解外国文化。

（4）在专业类网站、论坛等地方交流学习。现在很多的行业都有自己的专业网站，可以登录这些网站，进行交流学习。论坛也称为BBS，在这里可以自由地发表自己的意见，也可以寻求帮助，绝大多数问题都会得到热心人的解答。寻找专业类网站的方法，可以通过搜索网站，也可以在分类导航例如www.hao123.com等网站上找到。

3. 如何利用网络购物、理财

3.1 网络购物

相信很多人都听说或者进行过网络购物，网络购物具有方便、快捷等优点。那么如何进行网络购物呢？首先要去相关网站免费注册，还得有一张开通网上银行的银行卡，这样才方便付费。但由于现在的网络交易还不够健全，所以一定不要给卖家直接打款，而要使用第三方支付来进行网络购物。

第三方支付就是指在进行网络交易时，消费者将应付的款项汇入一个第三方的账号，并通过第三方这个中介交给商家，而非直接将钱转到商家户头。此种形态的付款方式对于使用者来说可以加速付款流程，同时也可以避免因为将信用卡或个人账户信息暴露给商家而造成个人隐私的泄露。

目前第三方支付的工具越来越多，消费者也面临许多选择，使用时需注意以下一些事项。

（1）选择安全的付款服务和商家

①不要轻易使用不知名或未曾听过的商家服务，尽量选择知名的商家或购物网站，并使用与大型商家配合的支付服务。如支付宝、财付通等。

②在浏览网站前应先看该服务网站是否有经过加密认证，有经过加密的网站，在浏览器的网域名称前会包含https，并且在浏览器的右侧或是右下侧会有一个锁头的标志，如此一来，消费者在传送敏感资料如信用卡卡号和地址时就会得到更多的保障。

③由于网络购物无法亲自看到货品，所以在挑选商家时更要注意挑

选评价较高的卖家，才可避免买到不实或是昂贵的商品。

（2）如何安全地使用第三方支付

①在网络购物后不要随意回复不明的E-Mail。有些恶意的钓鱼软件会随机寄信给消费者要求索取账号密码或是信用卡资讯，这些很有可能是诈骗。

②设定安全的密码。安全的密码应有14位以上字符，并包含数字及大小写字母。

③不要使用公共电脑进行网络购物。公共电脑由于无法确认是否被植入恶意程序，而且网络也无法确定有无被监听，所以并不安全。

④在浏览网页时，有时会有不知名的网页跳出，并冒充成商场系统，此时消费者可能会误认而受骗，使用微软 IE 内置的筛选工具可以减少此类事件的发生。

⑤将浏览器更新成最新版本，以获取更全面的保护，定期更新将让您网络购物更安心。

3.2 如何利用网络理财

利用互联网金融理财具有操作方便、回报率高的特点，那么如何利用互联网金融理财呢?

（1）利用余额宝理财，可以将支付宝的钱转入余额宝，这样可以每天生成利息。

（2）利用某些P2P网贷网站，你可以把你的闲钱通过这些网站贷出去，获取高息回报。

（3）如果你的资金量比较大，可以购买银行的网上理财产品，安全性高。

4. 如何利用网络进行通信、交友

4.1 如何利用网络进行通信——网上交流工具

（1）网上用于交流的工具

在网上用于交流的工具有许多，如：

①即时聊天工具，如腾讯QQ、微信。

②邮件，新浪、搜狐、腾讯等各大门户网站都有提供邮箱服务。

③网络电话，SKYPE（国际）、UCALL（国内）、小蜜蜂等。

④下载工具，如迅雷等。

⑤各大网站的BBS论坛。

（2）网上通讯交流的礼仪礼节

①记住别人的存在。互联网给来自五湖四海的人一个共同的地方聚集，这是高科技的优点，但往往也使得我们面对着电脑屏幕忘了我们是在跟其他人打交道，我们的行为也因此容易变得粗鲁和无礼。因此网络礼节第一条就是：记住别人的存在。当着别人的面不会说的话，在网上也不要说。

②网上网下行为一致。在现实生活中大多数人都遵纪守法，在网上也应如此。网上的道德和法律与现实生活是相同的，不要以为在网上与电脑交易就可以降低道德标准。

③入乡随俗。同样是网站，不同的论坛有不同的规则。在一个论坛可以做的事情，在另一个论坛可能不宜做。建议你最好先观察一下再发言，这样你可以知道论坛的气氛和可以接受的行为。

④尊重别人的时间。在提问题之前，先花些时间去搜索和研究，很有可能同样的问题以前已经问过多次，现成的答案触手可及。

⑤在网上留个好印象。因为网络的匿名性质，别人无法从你的外观来判断，因此你的一言一语就成为别人对你印象的唯一判断。如果你对某个方面不是很熟悉，找些资料看看再开口，不要无的放矢。同样，发帖以前仔细检查语法和用词，不要故意挑衅和使用脏话。

⑥平心静气地争论。争论是正常的现象，要以理服人，不要人身攻击。

⑦尊重他人的隐私。电子邮件或私聊的记录应该是隐私的一部分。未经个人同意将别人的真名公开就是一个不友好的行为。如果不小心看到别人的电子邮件或秘密，更不应该到处传播。

4.2 网络交友时需要注意的问题

现在网络已经成为生活中不可缺少的一部分，在网上的交流、沟通中，人们相互熟悉，结交朋友。但网络是虚拟的，很多人付出了时间、金钱和感情，最后得到的却是欺骗。那么我们该怎样健康上网，怎样在网上结交一些真正值得信赖的朋友呢？

（1）态度真诚

真诚的人能够最先找到朋友。在网络这个虚拟的、充满不确定因素的世界里，真诚是交际成功的基础。第一次聊天，自己认为需要保密的事情，明确告诉对方自己不能说。切不可胡编乱造，前后矛盾，给对方不真诚的印象。自己的年龄、职业、身份、工作单位、情感状态虽属保密信息，但个人的态度、兴趣和爱好等都可以坦诚相见。

（2）尊重双方

在网络上什么样的人都会遇到。讨厌的、反感的、不喜欢的、不理解的，对此，既不能恶言相向，也不能断然拒绝。要在充分尊重对方的基础上，给对方以包容。

（3）不谈钱不轻易见面

不要和网友发生借贷、合作生意等经济关系，当然除非你们已经是朋友了。同时尽可能少地暴露自己的具体信息，不要轻易与对方见面。就算真的要见面，可以邀约上自己的朋友，如果对方真诚是不会拒绝的。

（4）了解对方

在网终生活中尽可能多地了解对方，可以在通讯个人信息中多了解对方的信息，如果有把握，可以通过视频聊天，以更好地了解对方。

（5）情感上不要过分投入

以寻找爱情为目的人，多花点时间自然无可厚非。但应该考虑投入的程度。必须要懂得，如果过于投入，以致为对方魂不守舍，影响了正常的工作和学习，就有些得不偿失了。

（6）不随意注册聊天工具

网络上的聊天工具各式各样有很多需要填写个人身份信息，有的甚至需要你家人的信息。而这些是不可以随意填写的，以免造成财产、名誉上的损失。

5. 如何识别短信类诈骗

5.1 如何识别冒充银行类短信

与“中奖”短信骗取所谓的“个人所得税”相比，假银联短信更具迷惑性。它通过短信诈骗持卡人的卡号、有效期、密码和卡片信息，然后再通过制假卡或者网上银行转账方式，骗取持卡人财产。

如果你收到银行客服的短信，说“银行U盾、网上电子密码器过期，请登录某网站更新”，一定确认发来短信的是不是真正的官方客服，登录的网站是不是官方网站。

建行、中行、工行等多家银行的客服表示，一般以非95开头的短信通知多为诈骗短信。一定不要理会，更不能告诉对方你的个人银行账号、密码等信息。短信是否可以收到银行的信息，还要看是否办理了短信银行业务，如果没有去柜台办理，那是不会收到银行通知的。

“扣除信用卡年费”和以往出现的“违禁包裹”、“银行卡透支”等短信诈骗的手段如出一辙，属于换汤不换药。

【案例】

徐某的手机收到一条短信，短信号码显示为“1065756595588”，内容为“尊敬的客户：你的电子密码于次日生效，请尽快登录手机银行维护网站wap.icbclk.com进行更新，给您带来的不便敬请谅解！【工行】”。

碰巧，徐某的网银最近几天没法使用，她只注意到发信人号码尾数是“95588”，和工商银行客服电话一致，再加上网址里面有“icbc”，也与工行网址一致，也就没有过多怀疑。

随后，徐某通过手机登录网站wap.icbclk.com。进入网站后，根据网站的提示，徐某输入了自己的手机号码和密码。5分钟后，徐某的手机收到账户支出1392元的短信，这才发现自己被骗。

5.2 如何识别热播栏目中奖类短信

不法分子以“我要上春晚”、“非常6+1”、“中国好声音”等热播栏目节目组的名义群发短信，称用户被抽中为幸运观众，让其登录“××电视台官方网站”（实为钓鱼网站）领取奖品。用户登录后按站内“公告”拨打联系电话申领奖品时，被以需交手续费、保证金或个人所得税等借口，诱骗事主向指定银行账号汇款。

对于此类诈骗短信，要做到“五不要”，具体如图8-1所示。

- 一不要：不要轻信不明对象及可疑信息
- 二不要：不要因贪小利而受违法短信息的诱惑
- 三不要：不要拨打短信中的陌生电话，以防受骗
- 四不要：不要泄露个人信息，特别是银行卡信息
- 五不要：不要将资金转入陌生的账户

图8-1“五不要”

这是最常见的一种骗人短信，这种“天上掉馅饼”的好事往往都是陷阱。如果中了大奖，所有的费用完全可以在奖金中扣除，何必要另外支付费用，这不是多此一举么。

【案例】

谢某接到一条“中奖”短信——她已抽得×××节目的场外幸运者大奖，奖品为9.8万元现金和一台笔记本电脑。短信中附有活动网站以及中奖验证码，并提示“领奖时间有限请您注意把握时间领取”。

谢某在登录短信提供的网站后，网页出现与×××节目相关的图片和介绍，接着将验证码输入，顺利通过验证，转入下个界面填写领奖资料。她先后将手机号码后六位，身份证号码和银行卡号输入并提交，等跳到下个界面才发现，领奖前要给指定的银行账号汇款4800元，此时恍

然大悟，“中奖”其实是欺诈。

5.3 如何识别伪装亲友求助类短信

你明明没有妹妹，却有人喊着你哥哥、姐姐，以自己在哪里遇到困难为名，要求自己打钱过去。你的手机丢了，有朋友告诉你，有人在用机主的名义，给很多朋友发“求助”短信等，很多人都曾有过类似的遭遇。一旦有好友为了尽快给机主帮助，真的按照提示进行了汇款，后果将不堪设想。

这类伪装成机主的亲戚或好友，发送要求汇款、转账的欺诈短信非常多见。因为其直接伪装为机主亲友，或假借机主名义，所以成功几率也相对更高。一旦手机不慎遗失，便极有可能沦为犯罪团伙利用的工具，其会以不同的名目发出“求助”。同时，“求助人”还会采用“李×”、“王×”、“刘×”等这样较为大众化的名字，以“碰运气”的方式广泛传播，一旦机主自己真有叫此名字的亲友，那么面对求助，显然不会无动于衷。

【案例】

许某正在使用的手机突然失去了信号，过了许久手机仍未能恢复正常。

出乎许某意料的是，虽然手机“停用”了，但是他的多位亲朋好友却陆续收到“他”发出的短信，内容为：“我出了车祸，电话没钱了，去帮我买一张100元的充值卡，不要空中充值！现在欠费，空中充值很难到账，用不了！我现在在医院急需联系！快点好吗！”亲友们接到这条短信后，纷纷按短信要求给“许某”充值。多位亲友共1000多元被骗走了。

5.4 如何识别伪装朋友点歌类短信

现在手机里面的各种商业短信很多，为了避免一些信息台收取高额服务费，对于点歌、猜谜、算命、游戏等类型的短信息要谨慎参与。你在未确定手机短信机主身份或不明手机来电时，不要回复未接来电或短信，否则很有可能落入陷阱。

【案例】

李某收到一条“知名不具”的朋友发来的短信，“这阵子还好吗？我刚买了个新电话，在点播频道给你点了一首，你拨×××××××××听吧，后面还有一段我的话，听了就知道我是谁了。”

收到朋友点歌自然是喜滋滋的了，一时兴起的她还真拨了号点了首歌听了一会儿。可回过神来，李某越想越觉得不对劲，短信上的手机号码很陌生，等到拨回去时，接连几次电话那头传来的都是“你拨打的手机是空号”的语音提示。此时李某这才意识到，自己落入了声讯服务公司的圈套，点歌的10元钱就这样打了水漂。

5.5 如何识别发送威胁恐吓短信

“我们是法院的……”“我们是公安局的……”如果收到了这样的短信，相信很多朋友都会不知所措。当前，这种打着“法院”“公安局”名号发来的欺诈短信，以银行卡被冻结、质疑财产来源等名义要求用户回拨电话的假银行欺诈短信也较为常见。

【案例】

马某接到自称××政法机关的短信，称马某的账户信息已被一些不法分子掌握，为了防止存款被取走，让马某尽快将存款存入指定账户。马某信以为真，将积攒多年的6万余元存入对方指定账户，几分钟后，钱在外地被取走。

在这些欺诈短信中，往往会提供电话号码，一旦回拨，其会模拟成公安局、法院电话，比如设置逼真的语音提示，引导用户接通所谓的接待人、民警专线等，套取用户的银行卡账户和密码，一旦用户未能加以警惕，受到蛊惑提供密码，财产安全将受到严重威胁。

5.6 如何识别设置短信链接陷阱

“点击立即查看美女出浴图……”收到了这样的一条短信，对于有猎奇心理的人来说，多半都有想点击的冲动，但是如果你真的点击了，很可能落入欺诈陷阱。短信链接为恶意网址，一旦点击将自动下载恶意扣费的手机病毒。

黑客会将链接包装成不同的形式，巧立名目，例如以“美女出浴图”“窥探隐私软件”“窃听软件下载”等为名，诱骗用户点击下载链接。一旦被标题或内容吸引，盲目点击，将对手机安全造成严重的威胁。

5.7 如何识别虚构办理免担保贷款

面临流动资金周转困难或遇到各种各样急需用钱的情况，面对金融部门严格的贷款程序时，“无担保抵押贷款”类的短信往往吸引了很多人的目光。此类短信，如：

“本行在本市为个人及企业提供免担保免抵押低息贷款。年息15%。联系电话：×××××××××××，联系人：×××。”

“你好，××公司（集团）为资金短缺提供小额融资，无需担保抵押，月息3%，手续简单快捷，急需者请电×××××××××××。”

6. 如何识别电话类诈骗

6.1 如何识别“供电公司”电话诈骗

现在，骗子可谓是“无孔不入”，以供电公司的名义，让你交电费，否则将会停电。“尊敬的电力用户您好，您所在的区域即将实施强制断电。如有疑问，请按0转接人工服务……”电话中，诈骗者常以欠费或强制断电等为借口，告知用户按键转接电话或将电费汇入某一账户。电话一旦转接，便会产生一定的通讯费用。

【案例】

王某接到一个语音电话，说他家用电异常，要停他家的电。然后叫他拨打电话，当他拨打电话到人工台，接线员让他交罚款到银行账户上去。经过向电力公司咨询，才知道这是诈骗电话。

6.2 如何识别“法院传票”电话诈骗

先是利用通讯工具假冒法官告诉你有一张涉案传票，接着以帮你进行财产保全为名套取你银行账号和密码。你一定要警惕不法分子利用通讯工具假冒“法院传票”进行诈骗。当你接到类似的电话，不要惊慌失措，也不要随便向对方提供自己的身份证、银行账号等信息，更不要向对方账号汇款。

【案例】

6月上旬的一天，周某接起电话，是一段语音提示：“你好，这里是××市中级人民法院，你有一张法院传票，请及时领取，如有疑问请按9转人工服务。”周某按9后，电话里传来一个女人的声音，自称是××市法院的工作人员，说有一张传票，要周某到法院去拿，并告知是因周某在××市××区交通银行开过的一张信用卡透支了29952元，如果下午4点半还不还的话就要查封账号了。

电话中对方让周某报案，并说可以直接接到××市××区公安分局电话，接着将电话转到了××区公安分局，对方自称是一名姓卢的警官。“卢警官”听了周某的陈述后，告诉周某，其银行账户现在涉及一名贩毒分子，要申请清查保护设定，并威胁法院马上要查封其名下银行卡内的全部资金，他问周某名下有没有银行卡，得知有一张建行卡后，“卢警官”就叫周某到建行的ATM根据他的指示进行操作。当17万元转入指定银行账号后，周某才意识到可能被骗了。

6.3 如何识别“电信”电话诈骗

有的不法分子以电信工作人员的身份，声称电话被他人盗用，然后让你打电话回去，让你一步步走入“陷阱”。

【案例】

某日中午，张某接到一个电话：“我是中国电信的，你的座机被A市一个用户盗用了，你欠费1980元。请尽快到中国电信补缴，否则，将对你的电话停机处理。如有疑问，请按1，转人工台咨询。”

张某觉得事情有点不妙，遂按1键。一名小姐问张某咨询什么，张某问：“我的座机被盗用是怎么回事？”该小姐说：“A市一个用户，3月18日在营业厅用你的个人资料申请了一部电话。我们发现该号码经常使用国际长途。”张某有点慌，因为以前在该市工作，也有朋友，平时都有电话联系，被盗用不是没有可能。那小姐说：“现在要赶紧向A市公安机关报案，公安机关出个文单给中国电信总局，我们就会把那个电话停了。你先挂电话，等会儿市110会打电话给你。”

大概过了一分钟，电话果然响了。一个男子说：“我是A市110，姓陈，叫我陈警官好了。请问你有什么事？”张某把情况说了一遍。“陈警官”说：“现在可以正式报案，我们要作录音。录音前，请先把手机关掉。”张某疑惑地说：“干吗要关手机？”“陈警官”道：“这是我们的事，我们要对手机测试。好了，我们就开始录音吧。”张某才明白这是一场骗局。

6.4 如何识别冒充权威部门电话诈骗

不法分子假扮成公检法等权威部门的工作人员，以市民违反了某项法律为理由，利用人们害怕心理以达到其诈骗的目的。其实，遇到此类情况，最好的方法是自己多个心眼，打电话去向有关部门求证。

6.5 如何识别冒充亲朋好友出事故的电话诈骗

骗子常常会冒充在外的亲人或其亲人的朋友，以亲人出各种事故为借口诈骗钱财，其主要是利用你突闻噩耗后六神无主慌张的心态，从而达到诈骗的目的。其实此类诈骗手法最简单，只要遇事淡定，打电话给远方亲戚或朋友求证一下就知道事情的真伪了。

【案例】

70岁的谭某接到一个自称是她外甥的来电，称急需用钱，要求谭某汇款1.5万元到其账户下。因为对方在电话里的声音极像外甥，谭某不疑有诈，便匆匆来到银行办理转账业务。然而，令谭某想不到是，银行职员用自己手机打电话给“外甥”时，“外甥”支支吾吾并立即挂断电话，直到此时，谭某才知道是诈骗电话。

6.6 如何识别“录音剪辑”电话诈骗

给家人或朋友拨打电话时，你要在手机通讯录里找到储存的相应号码，千万不要回拨手机显示的号码。此外，现在不法分子利用科技软件，可以模仿或还原人声，听起来真实度高，极易让家人相信。如遇到电话里要求汇款，最好当面确认或进一步求证，以免落入圈套。

【案例】

戴某日前在某网站上看中一辆二手工程车，标价54000元。戴某觉得价格合理，便与“卖家”电话联系。两人洽谈顺利，于是戴某留了自己的手机号码，并约好第二天去现场看车。同时“卖家”提出，希望戴某再留一个电话号码给他，理由是万一联系不上他可以备用。戴某爽快地将妻子的电话留下，并告诉对方：“这是我老婆的手机，你找不到我，可以找她。”

第二天，戴某来到对方指定的地点看车，最后价格没谈成，戴某离开了。可这时戴某妻子的手机响了，显示的是戴某的号码，只是并没有像往常那样自动显示通讯录里的名字。感觉有些奇怪的妻子还是接了电话，一听到电话里确实传来的是“戴某”的声音，她就放心了。“戴某”说，车不错，想买下来，让她帮忙付款。听到要付款，妻子再次生疑，挂了电话后赶紧回拨，不料连打几次都是忙音。接着她接到来自丈夫号码的短信，告诉她汇款账号。妻子想想刚才电话里丈夫的口气、声音非常熟悉，便立即将车款打了过去。直到见到戴某一问，妻子才发现原来自己受骗上当了。

6.7 如何识别“医保”“社保”诈骗

不法分子冒充社保、医保中心工作人员拨打事主电话，称其医保、社保出现异常，如“医保卡被锁”“领取社保补贴”“卡被异地盗刷”等原因，之后冒充机关工作人员诱骗事主将存款转移到所谓的“安全账户”进行诈骗。

医保卡出现问题，相关机构将通过书面告知的方式通知用卡人，而不会使用电话、短信等方式。我国现行政策中没有“社保补贴”这一说法，如果出现多缴、错缴社保费等情况，相关部门将通知缴费本人到缴费所在区市的社保大厅进行更正，不会使用转账办理，更没有所谓的“安全账户”。

7. 如何识别网上诈骗

7.1 如何识别网上中奖诈骗

网上中奖诈骗是指犯罪分子利用传播软件随意向互联网QQ用户、邮箱用户、网络游戏用户、淘宝用户等发布中奖提示信息，当事主按照指定的“电话”或“网页”进行咨询查证时，犯罪分子以中奖缴税等各种理由让事主一次次汇款。

所以，当你登录QQ或打开邮箱时如果收到一些来历不明的中奖提示，不管内容有多么逼真诱人，你千万不能相信，更不要按照所谓的咨询电话或网页进行查证，否则你将一步步陷入骗局之中。

【案例】

王某在家上QQ时，屏幕上弹出一条中奖信息，提示王某的QQ号码中了二等奖，奖金58000元和一个笔记本电脑，王某喜出望外，想都没想就按网上留下的电话与对方取得了联系。对方要求王某在得到奖品之前必须先汇1580元邮费，王某马上照办，对方又要求汇3880元保证金，王某再次照办，对方再次要求汇7760元的个人所得税，王某接着照办，对方最后要求还得再汇6000元的无线上网费，王某汇完钱后就再也联系不上对方了，这时他才发觉自己被骗了。

7.2 如何识别网络购物诈骗

如今，网购已成为一种时尚消费方式，只要轻轻点点鼠标，不用车劳马顿，无需费心砍价，就可以拿到自己心仪的商品。这无疑受到了众多年轻人的青睐。可是当你在为之如痴如醉时，这种不见面的交易方式也潜藏着各种“陷阱”。在网购诈骗案中，80%以上都是未经网站正常交易程序造成的。网络购物诈骗主要手法和特点，具体如表8-1所示。

表8-1 网络购物诈骗主要手法和特点

序号	诈骗类别	具体说明
1	发布虚假的商品销售信息，以超低的价格和醒目的名称来引诱网民上当	不法分子一般通过自建或是假冒比较知名、大型的电子商务网站发布虚假商品销售信息，利用一些人贪图便宜和好奇心态，以所谓的“超低价”“走私货”“免税货”“违禁品”等字眼吸引眼球，随后假借“减少手续费”“缩短支付时间”“简便交易程序”等借口劝说受害人不要通过正规支付平台支付款项，转而将现金直接存入指定账号，以达到诈骗的目的
2	以次充好，以假乱真	不法分子主要通过假冒品牌产品、以次品充当正品、以低档产品替代高档产品等方式非法赚取其中差价
3	不法分子在收到货款后直接寄送空邮包，并将责任和矛盾推向物流公司或邮局	不法分子用“虚拟的固定电话”作为联系电话，一般要求私下交易，承诺让受害人先交部分定金，货到后再付全款。不法分子在拿到钱款后往往会找借口拒绝交货，或者直接寄空邮包，直到被识破就立即切断所有联系

网络购物诈骗的表现形式有以下6种，具体如表8-2所示：

表8-2　网络购物诈骗的表现形式

序号	形式	说明
1	多次汇款	骗子以未收到货款或提出要汇款到一定数目方能将以前款项退还等各种理由迫使事主多次汇款
2	假链接 假网页	骗子为事主提供虚假链接或网页，交易往往显示不成功，让事主多次往里汇钱
3	拒绝安全支付法	骗子以种种理由拒绝使用网站的第三方安全支付工具，比如谎称“我自己的账户最近出现故障，不能用安全支付收款”或“不使用支付宝，因为要收手续费，可以再给你算便宜一些”，等等
4	收取订金骗钱法	骗子要求事主先付一定数额的订金或保证金，然后才发货。然后就会利用事主急于拿到货物的迫切心理，以种种看似合理的理由，诱使事主追加订金
5	诱骗汇款	骗子一面约见事主在某地见面验货，一面又要求事主的朋友一接到事主电话就马上汇款，骗子利用“来电任意显软件”冒充事主给其朋友打电话让其汇款
6	以次充好	用假冒、劣质、低廉的山寨产品冒充名牌商品

【案例】

郑女士在网上发现一条出售诺基亚手机的信息，与对方取得联系后，在银行向指定账户汇款1000元，后对方以未收到汇款为由，让郑女士连续两次汇款。然后，对方提出要汇款总额到5000元以后方能将以前款项退还，郑女士再次汇款。最后，对方又以担负保险金、运费等名义要求郑女士多次汇款。直到郑女士与对方失去了联系，才发现被骗。

在网上购物时，一定要提高自身防范意识，做到以下几点：

（1）对购买物品的市场价格有所了解。

（2）仔细甄别网络卖家留下的信息。不要轻易相信只有QQ、E-MAIL、手机，没有固定地址和固定电话的网络卖家，特别要警惕

"虚拟的固定电话"，即用"手机转接"功能，将打到固定电话上的电话自动接到手机上。

（3）不要轻易地将自己的网络账号，信用卡账号和密码泄露给陌生人，尽量不要使用公用的电脑进行购物、支付等操作。

（4）如发现网站发布不良、违法信息，涉嫌诈骗或已经掉进网络诈骗陷阱的，应及时到公安机关举报或报案，配合公安机关打击此类违法犯罪行为。

7.3 "网络钓鱼"诈骗

"网络钓鱼"利用欺骗性的电子邮件和伪造的互联网站进行诈骗活动，获得受骗者财务信息进而窃取资金。作案手法有以下两种：

（1）发送电子邮件，以虚假信息引诱用户中圈套。不法分子大量发送欺诈性电子邮件，邮件多以中奖、对账等内容引诱用户在邮件中填入金融账号和密码。

（2）不法分子通过设立假冒银行网站，当用户输入错误网址后，就会被引入这个假冒网站。一旦用户输入账号、密码，这些信息就有可能被犯罪分子窃取，账户里的存款可能被冒领。此外，犯罪分子通过发送木马病毒邮件等方式，把病毒程序植入计算机内，一旦用户用这种"中毒"的计算机登录网上银行，其账号和密码也可能被不法分子窃取，造成资金损失。

【案例】

刘先生在点开了某网站卖家给的链接后，他进入了一个类似"工行网上银行"的网站，当按要求输入自己的卡号和密码时，页面却弹出"对不起，您的操作已超时，请返回重新支付"的提示。于是他重复刷新，反复输入口令和密码，而实际上，他每输入一次，卖家就会从卡上划走1000元，最后，5000元就这样被骗走了。

所以，收到有如下特点的邮件时要提高警惕，不要轻易打开和听信：

（1）伪造发件人信息。

（2）问候语或开场白往往模仿被假冒单位的口吻和语气。

（3）邮件内容多为传递紧迫的信息，如以账号状态将影响到正常使用或宣称正在通过网站更新账号资料信息等。

（4）索取个人信息，要求用户提供密码、账号等信息。还有一类邮件是以超低价或海关查没品等为诱饵诱骗消费者。

针对假冒网上银行要注意做到以下几点：

（1）在登录网上银行时，应留意核对所登录的网址与银行法定网址是否相符，谨防被假冒银行网站欺骗。

（2）妥善保管账号和密码，不要选身份证号码、出生日期、电话号码等作为密码，建议用字母、数字混合密码，尽量避免在不同系统使用同一密码。

（3）做好交易记录，对网上银行、网上证券等平台办理的转账和支付等业务做好记录，定期查看“历史交易明细”和打印业务对账单，如发现异常交易或差错，应立即拨打有关客服热线进行确认。

（4）管好网银数字证书，避免在公用的计算机上使用网上交易系统。

（5）万一账号资料被盗，应立即修改相关交易密码或进行银行卡挂失。

（6）上网电脑要安装防火墙和杀毒软件，不要轻易下载或打开来源不明的文件，防止个人账户信息被黑客窃取。

（7）通过正确的程序登录支付网站，通过正式公布的网站进入，不要通过搜索引擎找到的网址或其他不明网站的链接进入。

7.4 如何避免冒充微信主人的身份骗钱

现在，不法分子首先通过黑客手段大量盗取QQ（开通微信）号码，然后对这些微信号码进行观察和筛选，从中选择部分有作案条件的微信号，再利用时间差，乘QQ主人不在线时登录其微信，冒充微信主人的身份与其好友聊天并以各种“急需用钱”的理由骗取钱财。

因此，在平时网上聊天时，切勿随意透露自己和家人的信息，防止被不法分子利用。如家人、朋友通过微信提出借钱之类的请求，需手机与本人通话核实。

8. 如何遵守网络道德和规范

在信息技术日新月异发展的今天，人们无时无刻不在享受着信息技术给人们带来的便利与好处。然而，随着信息技术的深入发展和广泛应用，网络中已出现许多不容回避的道德与法律问题。因此，新市民在利用网络的同时，应遵守有关网络道德规范的要求。

（1）不应该用计算机去伤害他人。

（2）不应窥探别人的文件。

（3）不应用计算机进行偷窃。

（4）不应用计算机作伪证。

（5）不应使用或拷贝没有付钱的软件。

（6）不应未经许可而使用别人的计算机资源。

（7）尊重包括版权和专利在内的财产权。

（8）尊重知识产权。

（9）尊重他人的隐私。

第9章

新市民文明礼仪指导

孔子曰：不学礼，无以立。文明礼仪是律己、敬人的一种行为规范，是表现对他人尊重和理解的过程和手段。文明礼仪，不仅是个人素质、教养的体现，还是个人道德和社会公德的体现，更是城市的形象、国家的脸面。

1. 个人仪容应注意的礼仪是什么

1.1 仪容礼仪

新市民应做到仪容整洁、精神饱满、面带微笑。

（1）保持服装整洁。

（2）着西装时，注意领带、衬衫与西装颜色的搭配。西装以深色无条纹为佳。

（3）男士腰带以黑色为宜，无破损，宽窄得体。

（4）女士丝袜无勾丝、脱丝的现象，切忌袜口露于裙子外。

（5）社交场合不宜戴墨镜（参观、旅游除外）。

（6）女士不宜佩戴有声响的饰物。

1.2 仪表礼仪

仪表是指人的外表，包括人的容貌、服饰、体态和举止等方面，是一个人精神面貌的外观体现，新市民应做到仪表端庄、整洁大方。

（1）面带笑容，保持开朗心态，有利于营造和谐、融洽的工作气氛。

（2）保持身体清洁卫生，这不仅是健康的需要，更是文明的表现。

（3）头发梳理整齐，面部保持清洁。

（4）男士不留长发，女士不化浓妆。

（5）保持唇部润泽，口气清新，以适合近距离交谈。

（6）手部干净，指甲修剪整齐，男士不留长指甲，女士不涂抹鲜艳指甲油。

（7）宜使用清新、淡雅的香水。

2. 公共场所应注意的礼仪是什么

公共场所礼仪应体现社会公德。在社会交往中，良好的公共礼仪可以使人际之间的交往更加和谐，使人们的生活环境更加美好。公共场所礼仪总的原则是：遵守秩序、仪表整洁、讲究卫生、尊老爱幼。

2.1 工作场所礼仪

与同事交往应注意使用礼貌用语，始终保持谦虚、合作的态度。同事外出时有客来访，要代为礼貌接待并将详情转告。非经他人同意，不随意动用他人物品。在工作期间不做私活、不谈私事，非必要不打私人电话。

2.2 阅览室礼仪

到图书馆、阅览室学习，要衣着整洁，不要穿汗衫和拖鞋入内。进入图书馆后应将通讯工具关闭或调节至振动状态，接听手机应走出室外轻声通话。就座时，不要为别人预占位置。阅读时要默读，不要出声或窃窃私语。不要在阅览室内交谈、聊天，更不能大声喧哗。在图书馆、阅览室走路脚步要轻，物品要轻拿轻放，不要发出声响。要爱护图书，有事需要帮助时，不要大声呼喊，要走到工作人员身边再提出要求。

2.3 商场礼仪

在商场购物时不要大声喧哗，应自觉维护公共卫生，爱护公共设施。在自选商场购物时，要爱护商品，对挑选过的商品如果不满意，应物归原处。采购完毕离开柜台时，应对营业员的服务表示感谢。

2.4 旅游观光礼仪

在旅游时要自觉遵守公共秩序，按顺序购票入馆、入园，不拥挤、堵塞道路和出入口。同时要树立环保意识，自觉保持环境卫生整洁，垃圾不要乱丢，要按类别放到相应的垃圾桶里，要遵守铁路、民航规定，不携带危险品、违禁物品乘机乘船。

2.5 就餐礼仪

在外就餐时，应尊重服务员的劳动，对服务员谦和有礼。当服务员忙不过来时，应耐心等待，不可敲击桌碗或大声喊叫。对于服务员工作上的失误，要友好地提出，不可冷言冷语加以讽刺。

2.6 赛场观赛礼仪

到体育馆或体育场观看体育比赛时，应提前入场，对号入座。有些比赛存在一定的危险性，因此一定要按照赛场的要求到指定地点就座，不要到禁区走动，以免发生危险。同时要遵守公共道德，自觉维护秩序，注意自己的言行举止。记住体育场内不许吸烟。拍照时不要使用闪光灯。

2.7 住宿礼仪

办理住宿登记手续时，应耐心地回答服务台工作人员的询问。住进客房后要讲究卫生，爱护房内设备。当酒店服务员进房间送开水、做清洁服务时，应待之以礼。当离开酒店前，应保持客房内整洁及物品完整，不做损人利己之事。要及时到服务台结账，并同酒店工作人员礼貌话别。

3. 日常外出应注意的礼仪是什么

3.1 行路礼仪

在行路时要注意：

（1）靠路的右侧，要走人行道。

（2）横穿马路时，应注意交通信号，等绿灯亮时，才从人行横道的斑马线上穿过，行人之间要互相礼让。

（3）不要闯红灯，不要翻越马路上的隔离栏。

（4）行路时不吃零食、不吸咽、不勾肩搭背、不乱扔杂物、不随地吐痰。

3.2 乘车礼仪

在乘车时要注意：

（1）候车要先看清站牌和行车方向，然后排队候车，不要“加塞”，也不要往车道上挤，上车要按次序，有老人、小孩、病人上下车，要尽力扶助。

（2）上车后不要争先恐后地抢座位，要往车厢中间走动，不要挡住入口。

（3）对老人、病人、孕妇和抱小孩的人要主动让座。

（4）要扶好站稳，以免刹车时挤撞、踩踏到别人，不小心碰了别人要马上道歉。

（5）下雨天乘车，在上车前应把雨伞折拢，雨衣脱下叠好，不要把别人的衣服弄湿。

（6）乘车时，不要吸烟，不吃带皮带核的东西，不要把头手伸到车外，不在车内大声交谈，更不应嬉笑打闹。

（7）到站前，提前向车门移动，下车时要按次序下，注意扶老携幼。

3.3 乘坐电梯礼仪

在乘坐电梯时要注意：

（1）电梯门口处，如有很多人在等候，此时请不要挤在一起或挡住电梯门口，以免妨碍电梯内的人出来，而且应先让电梯内的人出来后方可进入，不要争先恐后。

（2）男士、晚辈或职员应站在电梯开关处提供服务，并让女士、长辈或上司先行进入电梯，自己随后进入。

（3）与客人一起乘电梯时，应为客人按键，并请其先进出电梯。

（4）电梯内由于空间狭小，千万不能抽烟，不能乱丢垃圾。在电梯里，尽量站成“凹”字型，挪出空间，以便让后进入者有地方可站。

（5）进入电梯后，正面应朝电梯口，以免造成面对面的难堪。

（6）即使电梯中的人都互不认识，站在开关处者，也应为别人服务。

（7）在电梯内不应大声交谈、喧哗。

（8）乘坐自动扶梯时，一般应主动站在右侧，让出左侧留给急于通行的人。两个人不可同时并排站在自动扶梯上，因这将会阻塞通道，妨碍他人行动。

3.4 上下楼梯礼仪

上下楼梯靠右单行，带路者走在前，不交谈，不快速跑。男性与长者、异性一起上楼时，尊者、妇女先行；下楼时，尊者、妇女在后，男士主动行走在前方，以防对方有闪失。

4. 人际交往应注意的礼仪是什么

4.1 问好

当你走在路上或在公共场所，遇见相识的人应该主动打招呼，问候致意。可以说“您早”“您好”“早上好”“晚上好”。别人向你打招呼以后，也要应答致意，否则会被认为不礼貌。有时也可面带微笑地注视对方并点头致意，这也是一种向人问候的好方法。

4.2 握手

握手时用力要适度，上下稍晃动三四次，随即松开手，恢复原状。与人握手，神态要专注、热情、友好、自然、面带笑容，目视对方双眼，同时向对方问候。

4.3 称呼

称呼是指人们在正常交往中，彼此之间所采用的称谓语。在日常生活中，称呼应当亲切、准确、合乎常规。正确恰当的称呼，体现了对对方的尊敬或亲密程度，同时也反映了自身的文化素质。

4.4 自我介绍

在社交活动中，如希望新结识的对象记住自己以便进一步沟通与交往，自我介绍时除姓名、单位、职务外，还可提及与对方某些熟人的关系或与对方相同的兴趣爱好。如“我叫谭××，是××公司的财务主管，我与您夫人是同学”；“我叫李××，是××文化公司经理，我和您一样也是个球迷”。

特别提示

进行自我介绍要简洁、清晰、充满自信，态度要自然、亲切、随和，语速要不快不慢，目光正视对方。在社交场合或联系工作时，自我介绍应选择适当的时间，当对方无兴趣、无要求、心情不好，或正在休息、用餐、忙于处理时，切忌去打扰，以免尴尬。

4.5 介绍他人

为他人介绍都是双向的，即第三者对被介绍的双方都作一番介绍。有些情况下，也可只将被介绍者中的一方向另一方介绍。不过前提是前者已知道、了解后者的身份，而后者不了解前者。

为他人作介绍的介绍者，通常是社交活动中的东道主，家庭聚会中的主人，公务交往中的礼仪专职人员，正式活动中地位、身份较高者。如熟悉被介绍的双方，可应一方或双方的要求，也可充当介绍人。

特别提示

为他人作介绍，要了解双方是否有结识的愿望，做法要慎重自然，不要贸然行事。最好先征求一下双方的意见，以免为原来就相识者或关系不好者作介绍。

4.6 递（接）名片

名片是一个人身份的象征，当前已成为人们社交活动的重要工具。

因此，名片的递送、接受、存放也要讲究礼仪。

（1）名片递送。

交换名片的顺序一般是“先客后主，先低后高”。当与多人交换名片时，应依照职位高低的顺序，或是由近及远，依次进行，不要跳跃式地进行，以免对方误认为有厚此薄彼之感。递送时应将名片正面面向对方，双手奉上。眼睛应注视对方，面带微笑并大方地说：“这是我的名片，请多多关照。”名片的递送应在介绍之后，在尚未弄清对方身份时不应急于递送名片，更不要把名片视同传单随便散发。

（2）名片接受。

新市民在接受名片时应起身，面带微笑注视对方。同时接过名片时应说“谢谢”，随后要微笑阅读名片，阅读时可将对方的姓名职衔念出声来，并抬头看看对方的脸，使对方产生一种受重视的满足感。然后，回敬一张本人的名片，如身上未带名片，应向对方表示歉意。在对方离去之前，或话题尚未结束，不必急于将对方的名片收藏起来。

（3）名片存放。

新市民接过别人的名片切不可随意摆弄或扔在桌子上，也不要随便地塞在口袋里或丢在包里，应放在西服左胸的内衣袋或名片夹里，以示尊重。

5. 接打电话应注意的礼仪是什么

在现代社会里，电话已成为必不可少的通讯工具。掌握使用电话的技巧，讲究必要的礼仪，会使对方感受到你的亲切、热情、礼貌，从而对你的公司和个人产生好感。

5.1 拨打电话要注意什么

在向外打电话时，应事先理清思路，把握要点，以保证通话时条理清晰，重点突出，做到不遗漏、不重复。电话接通后应先进行自我介绍。与对方熟识，则简单介绍即可；初次通话或互相不熟悉，介绍可以详尽一些，以使对方对自己有所了解。切忌不作自我介绍，直截了当地发问“喂，你是谁？”这是非常不礼貌的。

如果需要让对方转接或传呼某人时，应“请”字当头，注意措辞并适时道谢。对方帮忙去找人时，听筒一般不应离开耳边，更不应与别人高声谈笑，以防接话人前来应答时自己却不知晓。若拨错了电话号码，也应客气地说声：“对不起，我拨错号码了。”决不可一挂了之。

特别提示

与人通话时，应口齿清楚，注意停顿。重要的地方或难以理解的词语要放慢速度，适当强调或重复，直至对方明白为止。通话结束时，应说声“再见”，然后轻轻挂掉电话，或等待对方挂掉电话。

通话长度以短为佳，宁短勿长。发话人应当自觉地将每次通话的长度控制在三分钟之内。

5.2 接听电话要注意什么

听到电话铃声后，应尽快接听（一般在三声之内），以免让对方等候时间过长。一般接通电话后，应先说一句问候语，然后自报家门或自我介绍，如“您好！这里是××公司”或“您好！我是××”。如果对方询问姓名应礼貌告知。

在倾听对方讲话时，不要随意打断。通话中碰到有的情况需要查询作答时，要告诉对方，并请其等待片刻。如果需要时间较长，则请对方挂断，待自己查明后再回电答复对方；对方愿意等待，也应不时告知对方还在查找，并表示抱歉，如“请您再稍等片刻”，切忌让对方在久等中产生被遗忘的感觉。

如果对方要找的是他人，受话人可以说一声“请稍等”，并尽快帮忙传呼。如果对方要找的人不在，应礼貌地告诉对方并可适当询问：“请问您有什么事要转告吗？”如果对方要求传话，则应记下对方的姓名、电话号码、事情和接话时间，记下的留言应尽可能重复一遍，并尽快交给当事人。

特别提示

代接电话，不要向发话人过分详细地询问其背景，以免别人为难，不悦。如发话人要求转达某事给某人，切勿随意扩散，辜负别人的信任。

如果接到打错了的电话，态度要友好，应礼貌地告诉对方，这里不是您要找的公司和号码，请他重拨，不应不加解释地将电话挂断。通话完毕后，应道声“再见”。不可在对方话音未落时就挂断电话。与尊长者通电话，应待对方挂机后再挂。

5.3 如何规范使用手机

（1）在办公区内接手机时，尽量压低声音。

（2）不要在非工作时间致电客户手机，如需要也不过早或过晚。

（3）在公共场合，要养成将手机静音或调为振动的习惯。

（4）不要在大庭广众之下频频拨打电话和连续接听电话。

（5）用手机接听私人电话时，尽量到不影响其他人的地方。

5.4 如何文明使用手机

（1）女士手机不挂胸前，男士手机不挂腰间。

（2）使用手机给别人拍照，要先得到他人同意。

5.5 如何礼貌使用手机

（1）通话过程中电话突然中断，地位低的人或拨出电话者应该要把电话首先打回去。

（2）电话再次拨通后要向对方表示歉意；如通话效果仍然不行，可约定时间再次打电话给对方。但一定要注意不能将主次、尊卑顺序转换。

（3）任何时候，切掉别人电话都是非常不礼貌的行为。

5.6 如何安全使用手机

（1）手机不适宜传递重要商业信息。

（2）乘坐飞机时，要将手机关机。

（3）加油站、病房等场合内不使用手机；开车时不使用手机，如确实需要可靠路边停车使用或让他人代接电话。

（4）一般情况下，不要借用他人手机，更不要将手机借给陌生人使用。

（5）对于陌生人短信和各类诈骗性质的手机信息，要时刻保持高度警惕。

（6）手机中的通讯录要有备份，同时电话名单存储尽量用全名，少用昵称。

（7）注意保护自己的隐私权，要经常整理手机内存储的各类信息和资料。

5.7 发送短信或微信要注意什么

（1）发信息一定要署名，尤其是过年过节的祝福信息。

（2）祝福一来一往就够了，不要多发。

（3）有些重要电话可以先用短信或微信预约。

（4）要及时删除自己不希望别人看到的短信或微信。

（5）上班时间不要没完没了发信息。

（6）发信息不能太晚，以免影响对方休息。

附录

01：国务院关于进一步做好为农民工服务工作的意见

国务院关于进一步做好为农民工服务工作的意见

国发〔2014〕40号

各省、自治区、直辖市人民政府，国务院各部委、各直属机构：

农民工已成为我国产业工人的主体，是推动国家现代化建设的重要力量，为经济社会发展作出了巨大贡献。党中央、国务院高度重视农民工工作，《国务院关于解决农民工问题的若干意见》（国发〔2006〕5号）印发以来，出台了一系列政策措施，推动农民工转移就业规模持续扩大，职业技能不断提高，工资收入大幅增加，参加社会保险人数较快增长，劳动保障权益维护明显加强，享受基本公共服务范围逐步扩大，关心关爱农民工的社会氛围正在形成。但目前农民工就业稳定性不强，劳动保障权益受侵害的现象还时有发生，享受基本公共服务的范围仍然较小，大量长期在城镇就业的农民工还未落户。为深入贯彻落实党的十八大、十八届三中全会、中央城镇化工作会议精神和国务院的决策部署，进一步做好新形势下为农民工服务工作，切实解决农民工面临的突出问题，有序推进农民工市民化，现提出如下意见：

一、进一步做好为农民工服务工作的总体要求

（一）指导思想。以邓小平理论、“三个代表”重要思想、科学发展观为指导，全面贯彻落实党的十八大、十八届三中全会、中央城镇化工作会议精神和国务院的决策部署，按照工业化、信息化、新型城镇化、农业现代化同步发展的要求，积极探索中国特色农业劳动力转移道路，着力稳定和扩大农民工就业创业，着力维护农民工的劳动保障权益，着力推动农民工逐步实现平等享受城镇基本公共服务和在城镇落户，着力促进农民工社会融合，有序推进、逐步实现有条件有意愿的农民工市民化。

（二）基本原则。

——坚持以人为本、公平对待。推进以人为核心的城镇化，公平保障农民工作为用人单位职工、作为城镇常住人口的权益，帮助农民工解决最关心最直接最现实的利益问题，实现改革发展成果共享。

——坚持统筹兼顾、优化布局。按照区域发展总体战略和国家新型城镇化规划，逐步完善生产力布局和城镇化布局，引导农民工在东中西不同区域、大中小不同城市和小城镇以及城乡之间合理分布。

——坚持城乡一体、改革创新。适应推动城乡发展一体化的需要，着力改革城乡二元体制机制，逐步建立完善有利于农民工市民化的基本公共服务、户籍、住房、土地管理、成本分担等制度。

——坚持分类推进、逐步实施。按照自愿、分类、有序的要求，因地制宜、存量优先，尽力而为、量力而行，重点促进长期在城镇居住、有相对稳定工作的农民工有序融入城镇，循序渐进地推进农民工市民化。

（三）总体目标。

到2020年，转移农业劳动力总量继续增加，每年开展农民工职业技能培训2000万人次，农民工综合素质显著提高、劳动条件明显改善、工资基本无拖欠并稳定增长、参加社会保险全覆盖，引导约1亿人在中西部地区就近城镇化，努力实现1亿左右农业转移人口和其他常住人口在城镇落户，未落户的也能享受城镇基本公共服务，农民工群体逐步融入城镇，为实现农民工市民化目标打下坚实基础。

二、着力稳定和扩大农民工就业创业

（四）实施农民工职业技能提升计划。加大农民工职业培训工作力度，对农村转移就业劳动者开展就业技能培训，对农村未升学初高中毕业生开展劳动预备制培训，对在岗农民工开展岗位技能提升培训，对具备中级以上职业技能的农民工开展高技能人才培训，将农民工纳入终身职业培训体系。加强农民工职业培训工作的统筹管理，制定农民工培训综合计划，相关部门按分工组织实施。加大培训资金投入，合理确定培训补贴标准，落实职业技能鉴定补贴政策。改进培训补贴方式，重点开展订单式培训、定向培训、企业定岗培训，面向市场确定培训职业（工种），形成培训机构平等竞争、农民工自主参加培训、政府购买服务的机制。鼓励企业组织农民工进行培训，符合相关规定的，对企业给予培训补贴。鼓励大中型企业联合技工院校、职业院校，建设一批农民工实训基地。将国家通用语言纳入对少数民族农民工培训的内容。（人力资源社会保障部、国务院农民工工作领导小组办公室〔以下简称农民工办〕会同发展改革委、教育部、科技部、财政部、住房城乡建设部、农业部、安全监管总局、统计局、扶贫办、全国总工会、共青团中央、全国妇联负责）

（五）加快发展农村新成长劳动力职业教育。努力实现未升入普通高中、普通高等院校的农村应届初高中毕业生都能接受职业教育。全面落实中等职业教育农村学生免学费政策和家庭经济困难学生资助政策。鼓励各地根据需要改扩建符合标准的主要面向农村招生的职业院校、技工院校，支持没有职业院校或技工院校的边远地区各市（地、州、盟）因地制宜建立主要面向农村招生的职业院校或技工院校。加强职业教育教师队伍建设，创新办学模式，提高教育质量。积极推进学历证书、职业资格证书双证书制度。（教育部、人力资源社会保障部会同发展改革委、财政部、扶贫办负责）

（六）完善和落实促进农民工就业创业的政策。引导农民工有序外出就业、鼓励农民工就地就近转移就业、扶持农民工返乡创业。进一步清理针对农民工就业的户籍限制等歧视性规定，保障城乡劳动者平等就业权利。实现就业信息全国联网，为农民工提供免费的就业信息服务。完善城乡均等的公共就业服务体系，有针对性地为农民工提供政策咨询、职业指导、职业介绍等公共就业服务。加强农民工输出输入地劳务对接，输出地可在本地农民工相对集中的输入地设立服务工作站点，输入地应给予支持。组织开展农民工就业服务“春风行动”，加强农村劳动力转移就业工作示范县建设。大力发展服务业特别是家庭服务业和中小微企业，开发适合农民工的就业岗位，建设减免收费的农贸市场和餐饮摊位，满足市民生活需求和促进农民工就业。积极支持农产品产地初加工、休闲农业发展，引导有市场、有效益的劳动密集型产业优先向中西部转移，吸纳从东部返乡和就近转移的农民工就业。将农民工纳入创业政策扶持范围，运用财政支持、创业投资引导和创业培训、政策性金融服务、小额担保贷款和贴息、生产经营场地和创业孵化基地等扶持政策，促进农民工创业。做好老少边穷地区、牧区、库区、渔区农牧渔民转移就业工作和农民工境外就业服务工作。（人力资源社会保障部会同发展改革委、教育部、民政部、财政部、住房城乡建设部、农业部、商务部、人民银行、税务总局、工商总局、扶贫办、全国总工会、共青团中央、全国妇联负责）

三、着力维护农民工的劳动保障权益

（七）规范使用农民工的劳动用工管理。指导和督促用人单位与农民工依法普遍签订并履行劳动合同，在务工流动性大、季节性强、时间短的农民工中推广简易劳动合同示范文本。对小微企业经营者开展劳动合同法培训。依法规范劳务派遣用工行为，清理建设领域违法发包分包行为。完善适应家政服务特点的劳动用工政策和劳动标准。整合劳动用工备案及就业失业登记、社会保险登记，实现对企业使用农民工的动态管理服务。（人力资源社会保障部会同住房城乡建设部、工商总局、全国总工会负责）

（八）保障农民工工资报酬权益。在建设领域和其他容易发生欠薪的行业推行工资保证金制度，在有条件的市县探索建立健全欠薪应急周转金制度，完善并落实工程总承包企业对所承包工程的农民工工资支付全面负责制度、劳动保障监察执法与刑事司法联动治理恶意欠薪制度、解决欠薪问题地方政府负总责制度，推广实名制工资支付银行卡。落实农民工与城镇职工同工同酬原则。在经济发展基础上合理调整最低工资标准，推动农民工参与工资集体协商，促进农民工工资水平合理增长。（人力资源社会保障部会同公安部、住房城乡建设部、人民银行、高法院、全国总工会负责）

（九）扩大农民工参加城镇社会保险覆盖面。依法将与用人单位建立稳定劳动关系的农民工纳入城镇职工基本养老保险和基本医疗保险，研究完善灵活就业农民工参加基本养老保险政策，灵活就业农民工可以参加当地城镇居民基本医疗保险。完善社会保险关系转移接续政策。努力实现用人单位的农民工全部参加工伤保险，着力解决未参保用人单位的农民工工伤保险待遇保障问题。推动农民工与城镇职工平等参加失业保险、生育保险并平等享受待遇。对劳务派遣单位或用工单位侵害被派遣农民工社会保险权益的，依法追究连带责任。实施“全民参保登记计划”，推进农民工等群体依法全面持续参加社会保险。整合各项社会保险经办管理资源，优化经办业务流程，增强对农民工的社会保险服务能力。（人力资源社会保障部会同发展改革委、财政部、卫生计生委、工商总局、法制办、全国总工会负责）

（十）加强农民工安全生产和职业健康保护。强化高危行业和中小企业一线操作农民工安全生产和职业健康教育培训，将安全生产和职业健康相关知识纳入职业技能教育培训内容。严格执行特殊工种持证上岗制度、安全生产培训与企业安全生产许可证审核相结合制度。督促企业对接触职业病危害的农民工开展职业健康检查、建立监护档案。建立重点职业病监测哨点，完善职业病诊断、鉴定、治疗的法规、标准和机构。重点整治矿山、工程建设等领域农民工工伤多发问题。实施农民工职业病防治和帮扶行动，深入开展粉尘与高毒物品危害治理，保障符合条件的无法追溯用人单位及用人单位无法承担相应责任的农民工职业病患者享受相应的生活和医疗待遇。（安全监管总局、卫生计生委分别会同发展改革委、教育部、公安部、民政部、财政部、人力资源社会保障部、住房城乡建设部、交通运输部、国资委、法制办、全国总工会负责）

（十一）畅通农民工维权渠道。全面推进劳动保障监察网格化、网络化管理，加强用人单位用工守法诚信管理，完善劳动保障违法行为排查预警、快速处置机制，健全举报投诉制度，依法查处用人单位侵害农民工权益的违法行为。按照“鼓励和解、强化调解、依法仲裁、衔接诉讼”的要求，及时公正处理涉及农民工的劳动争议。畅通农民工劳动争议仲裁“绿色通道”，简化受理立案程序，提高仲裁效率。建立健全涉及农民工的集体劳动争议调处机制。大力加强劳动保障监察机构、劳动人事争议仲裁院和基层劳动争议调解组织建设，完善服务设施，增强

维护农民工权益的能力。（人力资源社会保障部会同发展改革委、公安部、司法部、国资委、高法院、全国总工会负责）

（十二）加强对农民工的法律援助和法律服务工作。健全基层法律援助和法律服务工作网络，加大法律援助工作力度，使符合条件的农民工及时便捷地获得法律援助。简化法律援助申请受理审查程序，完善异地协作机制，方便农民工异地申请获得法律援助。畅通法律服务热线，加大普法力度，不断提高农民工及用人单位的法治意识和法律素质，引导农民工合法理性维权。（司法部会同财政部、高法院、全国总工会负责）

四、着力推动农民工逐步实现平等享受城镇基本公共服务和在城镇落户

（十三）逐步推动农民工平等享受城镇基本公共服务。深化基本公共服务供给制度改革，积极推进城镇基本公共服务由主要对本地户籍人口提供向对常住人口提供转变，努力实现城镇基本公共服务覆盖在城镇常住的农民工及其随迁家属，使其逐步平等享受市民权利。各地区、各有关部门要逐步按照常住人口配置基本公共服务资源，明确农民工及其随迁家属可以享受的基本公共服务项目，并不断提高综合承载能力、扩大项目范围。农民工及其随迁家属在输入地城镇未落户的，依法申领居住证，持居住证享受规定的基本公共服务。在农民工输入相对集中的城市，主要依托社区综合服务设施、劳动就业社会保障服务平台等现有资源，建立农民工综合服务平台，整合各部门公共服务资源，为农民工提供便捷、高效、优质的“一站式”综合服务。（农民工办会同发展改革委、教育部、公安部、民政部、财政部、人力资源社会保障部、住房城乡建设部、文化部、卫生计生委、法制办负责）

（十四）保障农民工随迁子女平等接受教育的权利。输入地政府要将符合规定条件的农民工随迁子女教育纳入教育发展规划，合理规划学校布局，科学核定公办学校教师编制，加大公办学校教育经费投入，保障农民工随迁子女平等接受义务教育权利。公办义务教育学校要普遍对农民工随迁子女开放，与城镇户籍学生混合编班，统一管理。积极创造

条件着力满足农民工随迁子女接受普惠性学前教育的需求。对在公益性民办学校、普惠性民办幼儿园接受义务教育、学前教育的，采取政府购买服务等方式落实支持经费，指导和帮助学校、幼儿园提高教育质量。各地要进一步完善和落实好符合条件的农民工随迁子女接受义务教育后在输入地参加中考、高考的政策。开展关爱流动儿童活动。（教育部会同发展改革委、公安部、财政部、人力资源社会保障部、住房城乡建设部、共青团中央、全国妇联负责）

（十五）加强农民工医疗卫生和计划生育服务工作。继续实施国家免疫规划，保障农民工适龄随迁子女平等享受预防接种服务。加强农民工聚居地的疾病监测、疫情处置和突发公共卫生事件应对，强化农民工健康教育、妇幼健康和精神卫生工作。加强农民工艾滋病、结核病、血吸虫病等重大疾病防治工作，落实“四免一关怀”等相关政策。完善社区卫生计生服务网络，将农民工纳入服务范围。鼓励有条件的地方将符合条件的农民工及其随迁家属纳入当地医疗救助范围。巩固完善流动人口计划生育服务管理全国“一盘棋”工作机制，加强考核评估，落实输入地和输出地责任。开展流动人口卫生计生动态监测和“关怀关爱”活动。（卫生计生委会同发展改革委、民政部、财政部负责）

（十六）逐步改善农民工居住条件。统筹规划城镇常住人口规模和建设用地面积，将解决农民工住房问题纳入住房发展规划。支持增加中小户型普通商品住房供给，规范房屋租赁市场，积极支持符合条件的农民工购买或租赁商品住房，并按规定享受购房契税和印花税等优惠政策。完善住房保障制度，将符合条件的农民工纳入住房保障实施范围。加强城中村、棚户区环境整治和综合管理服务，使居住其中的农民工住宿条件得到改善。农民工集中的开发区、产业园区可以按照集约用地的原则，集中建设宿舍型或单元型小户型公共租赁住房，面向用人单位或农民工出租。允许农民工数量较多的企业在符合规划和规定标准的用地规模范围内，利用企业办公及生活服务设施用地建设农民工集体宿舍，督促和指导建设施工企业改善农民工住宿条件。逐步将在城镇稳定就业的农民工纳入住房公积金制度实施范围。（住房城乡建设部会同发展改

革委、财政部、国土资源部、税务总局负责）

（十七）有序推进农民工在城镇落户。进一步推进户籍制度改革，实施差别化落户政策，促进有条件有意愿、在城镇有稳定就业和住所（含租赁）的农民工及其随迁家属在城镇有序落户并依法平等享受城镇公共服务。各类城镇要根据国家户籍制度改革的部署，统筹考虑本地区综合承载能力和发展潜力，以就业年限、居住年限、城镇社会保险参保年限等为基准条件，制定具体落户标准，向社会公布。（公安部、发展改革委、人力资源社会保障部会同教育部、民政部、财政部、国土资源部、住房城乡建设部、农业部、卫生计生委、统计局、法制办、中央农办负责）

（十八）保障农民工土地承包经营权、宅基地使用权和集体经济收益分配权。做好农村土地承包经营权和宅基地使用权确权登记颁证工作，切实保护农民工土地权益。建立健全土地承包经营权流转市场，加强流转管理和服务。完善土地承包经营纠纷的调解仲裁体系和调处机制。深化农村集体产权制度改革，探索农村集体经济多种有效实现形式，保障农民工的集体经济组织成员权利。完善相关法律和政策，妥善处理好农民工及其随迁家属进城落户后的土地承包经营权、宅基地使用权、集体经济收益分配权问题。现阶段，不得以退出土地承包经营权、宅基地使用权、集体经济收益分配权作为农民进城落户的条件。（农业部、国土资源部分别会同法制办、中央农办、高法院负责）

五、着力促进农民工社会融合

（十九）保障农民工依法享有民主政治权利。重视从农民工中发展党员，加强农民工中的党组织建设，健全城乡一体、输入地党组织为主、输出地党组织配合的农民工党员教育管理服务工作制度。积极推荐优秀农民工作为各级党代会、人大、政协的代表、委员，在评选劳动模范、先进工作者和报考公务员等方面与城镇职工同等对待。创造新办法、开辟新渠道，支持农民工在职工代表大会和社区居民委员会、村民委员会等组织中依法行使民主选举、民主决策、民主管理、民主监督的权利。（农民工办会同民政部、人力资源社会保障部、国资委、全国总

工会负责）

（二十）丰富农民工精神文化生活。把农民工纳入城市公共文化服务体系，继续推动图书馆、文化馆、博物馆等公共文化服务设施向农民工同等免费开放。推进“两看一上”（看报纸、看电视、有条件的能上网）活动，引导农民工积极参与全民阅读活动。在农民工集中居住地规划建设简易实用的文化体育设施。利用社区文化活动室、公园、城市广场等场地，经常性地开展群众文体活动，促进农民工与市民之间交往、交流。举办示范性农民工文化活动。鼓励企业开展面向农民工的公益性文化活动，鼓励文化单位、文艺工作者和其他社会力量为农民工提供免费或优惠的文化产品和服务。（文化部、农民工办会同发展改革委、民政部、财政部、中央宣传部、全国总工会、共青团中央、全国妇联负责）

（二十一）加强对农民工的人文关怀。关心农民工工作、生活和思想状况，加强思想政治工作和科普宣传教育，引导农民工树立社会主义核心价值观。开展“人文关怀进企业、进一线”活动。通过依托各类学校开设农民工夜校等方式，开展新市民培训，培养诚实劳动、爱岗敬业的作风和文明、健康的生活方式。对有需要的农民工开展心理疏导。努力推进农民工本人融入企业、子女融入学校、家庭融入社区、群体融入城镇。（农民工办会同教育部、卫生计生委、全国总工会、共青团中央、全国妇联负责）

（二十二）建立健全农村留守儿童、留守妇女和留守老人关爱服务体系。实施“共享蓝天”关爱农村留守儿童行动，完善工作机制、整合资源、增加投入，依托中小学、村民委员会普遍建立关爱服务阵地，做到有场所、有图书、有文体器材、有志愿者服务。继续实施学前教育行动计划，加快发展农村学前教育，着力解决留守儿童入园需求。全面改善贫困地区薄弱学校基本办学条件，加快农村寄宿制学校建设，优先满足留守儿童寄宿需求，落实农村义务教育阶段家庭经济困难寄宿生生活补助政策。实施农村义务教育学生营养改善计划，开展心理关怀等活动，促进学校、家庭、社区有效衔接。加强农村“妇女之家”建设，培育和扶持妇女互助合作组织，帮助留守妇女解决生产、生活困难。全面实施城乡居民基本养老保险制度，建立健全农村老年社会福利和社会救助制度，发展适合农村特点的养老服务体系，努力保障留守老人生活。加强社会治安管理，保障留守儿童、留守妇女和留守老人的安全，发挥农村社区综合服务设施关爱留守人员功能。（民政部、全国妇联会同发展改革委、教育部、公安部、财政部、人力资源社会保障部、共青团中央负责）

六、进一步加强对农民工工作的领导

（二十三）完善农民工工作协调机制。各级人民政府要把农民工工作列入经济社会发展总体规划和政府目标考核内容，建立健全考核评估机制，落实相关责任。国务院已成立农民工工作领导小组，办公室设在人力资源社会保障部。县级以上地方人民政府也要成立农民工工作领导小组，加强统筹协调和工作指导。（农民工办会同国务院农民工工作领导小组各成员单位负责）

（二十四）加大农民工公共服务等经费投入。深化公共财政制度改革，建立政府、企业、个人共同参与的农民工市民化成本分担机制和财政转移支付同农民工市民化挂钩机制。中央和地方财政部门要按照推进基本公共服务均等化的要求，统筹考虑农民工培训就业、社会保障、公共卫生、随迁子女教育、住房保障、公共文化等基本公共服务的资金需求，加大投入力度，为农民工平等享受基本公共服务提供经费保障。各级财政部门要将农民工工作经费纳入公共财政预算支出范围。（财政部、农民工办会同发展改革委、教育部、民政部、人力资源社会保障部、住房城乡建设部、文化部、卫生计生委负责）

（二十五）创新和加强工青妇组织对农民工的服务。积极创新工会组织形式和农民工入会方式，将农民工组织到工会中来。以输入地团组织为主、输出地团组织配合，逐步建立农民工团员服务和管理工作制度，积极从新生代农民工中发展团员。各级工会、共青团、妇联组织要切实履行维护农民工权益的职责，通过开展志愿者活动等方式关心关爱农民工及其子女，努力为农民工提供服务。（全国总工会、共青团中

央、全国妇联分别负责）

（二十六）发挥社会组织服务农民工的积极作用。按照培育发展和管理监督并重的原则，对为农民工服务的社会组织正确引导、给予支持，充分发挥他们为农民工提供服务、反映诉求、协同社会管理、促进社会融合的积极作用。改进对服务农民工的社会组织的管理，完善扶持政策，通过开展业务培训、组织经验交流、政府购买服务等方式，引导和支持其依法开展服务活动。（民政部会同发展改革委、教育部、公安部、司法部、财政部、人力资源社会保障部、文化部、卫生计生委、工商总局、全国总工会负责）

（二十七）夯实做好农民工工作的基础性工作。加大投入，建立输入地与输出地相结合、综合统计与部门统计相结合、标准统一、信息共享的农民工统计调查监测体系，做好农民工市民化进程动态监测工作。深入开展农民工工作的理论和政策研究，为党和政府相关决策提供依据。（统计局、农民工办会同国务院农民工工作领导小组其他成员单位负责）

（二十八）进一步营造关心关爱农民工的社会氛围。坚持正确导向，组织引导新闻媒体运用多种方式，加强政策阐释解读，积极宣传农民工工作的好经验、好做法和农民工中的先进典型，对相关热点问题开展及时有效的舆论引导。对优秀农民工和农民工工作先进集体及个人按规定进行表彰奖励，努力使尊重农民工、公平对待农民工、让农民工共享经济社会发展成果成为全社会的自觉行动。（中央宣传部、农民工办会同国务院农民工工作领导小组其他成员单位负责）

各地区、各有关部门要按照本意见要求，结合实际抓紧制定和完善配套政策措施，积极研究解决工作中遇到的新问题。国务院农民工工作领导小组每年要针对重点工作和突出问题进行督察，及时向国务院报告农民工工作情况。

国务院

2014年9月12日

02：全国主要招聘网站

常用招聘网址

128人才网 http://www.job128.com/
528招聘网 www.528.com.cn/
百大英才百大网 http://www.baidajob.com/
伯乐人才网 http://www.bole.com.cn/
上海人才热线 http://www.shanghairc.com/
商赢人才网 http://job.sdinfo.net/
成都人才网 http://chengdu.myjob.com/
天基人才网 http://www.tianjihr.com/
天下人才网 http://www.txrc.com/
我的工作网 http://www.myjob.com/
前程无忧网 http://www.51job.com/
新世纪人才网 http://www.nchr.com.cn/
中国俊才网 http://job.goodjob.cn/
中华英才网 http://www.chinahr.com/
智联招聘网 http://www.zhaopin.com/
合肥人才网 http://www.hfrc.cn/
北京人才网 http://www.beijingrencai.net/
泉州人才网 http://www.qzrc.com/
智通人才网 http://www.job5156.com/
广东人才热线 http://www.guangdongrc.com/
防城港人才网 http://www.fcgrc.com.cn/
赶集网招聘频道 http://www.ganji.com/
58同城的招聘频道 http://www.58.com
保定人才市场 http://www.bdrc.com.cn/
中原人才网 http://www.hnrcpx.com/
黑龙江就业网 http://www.duojinshi.com/
百花人才网 http://hnbaihua.com/
芙蓉人才网 http://www.frrc.com.cn/
东吴人才热线 http://www.dwrc.com.cn/
萍乡人才网 http://www.pxrczpw.com
辽宁人才市场 http://www.lnrcsc.com/
内蒙古人才网 http://www.nmgrc.com/
半岛人才网 http://www.bandaojob.net
山西人才网 http://www.sjrc.com.cn/
西安人才网 http://www.xarc.net/
大上海人才网 http://www.dshrc.com/
第一招聘网 http://www.01job.cn/
北方人才网 http://www.tjrc.com.cn
云南人才热线 http://www.yunnanrc.com/
浙江人才网 http://www.zjrc.com/

03：常用应急电话一览表

常用应急电话一览表

	号码		号码
报警求助	110	中国电信综合服务	10000
火警	119	中国联通客服热线	10010
医疗救护	120	中国联通话费查询	10011
道路交通事故报警	122	中国铁通客服热线	10050
水上求救	12395	中国网通客服热线	10060
天气预报	121	中国移动客服热线	10086
报时服务	117	中国电信IP电话卡	17900
国际人工长途电话	103	中国联通IP号码	17911
国际直拨受话人付费电话	108	中国移动IP号码	17951
国内邮政编码查询	184	电话及长途区号查询	114
国内邮政特快专递	11185	市话障碍自动受理	112
森林火警	95119	消费者申诉举报电话	12315
红十字会急救台	999	价格监督举报	12358
供电局	95598	质量监督电话	12365
文化市场综合执法	12318	机构编制违规举报热线	12310
税务局通用电话	12366	环保局监督电话	12369

04：2015年日历

2015年日历

2015年1月

周	一	二	三	四	五	六	日
1				1 元旦	2 十二	3 十三	4 十四
2	5 十五	6 小寒	7 十七	8 十八	9 十九	10 二十	11 廿一
3	12 廿二	13 廿三	14 廿四	15 廿五	16 廿六	17 廿七	18 廿八
4	19 廿九	20 大寒	21 初二	22 初三	23 初四	24 初五	25 初六
5	26 初七	27 腊八节	28 初九	29 初十	30 十一	31 十二	

2015年2月

周	一	二	三	四	五	六	日
5							1 十三
6	2 十四	3 十五	4 立春	5 十七	6 十八	7 十九	8 二十
7	9 廿一	10 廿二	11 小年	12 廿四	13 廿五	14 情人节	15 廿七
8	16 廿八	17 廿九	18 除夕	19 雨水	20 初二	21 初三	22 初四
9	23 初五	24 初六	25 初七	26 初八	27 初九	28 初十	

2015年3月

周	一	二	三	四	五	六	日
9							1 十一
10	2 十二	3 十三	4 十四	5 元宵节	6 惊蛰	7 十七	8 妇女节
11	9 十九	10 二十	11 廿一	12 植树节	13 廿三	14 廿四	15 廿五
12	16 廿六	17 廿七	18 廿八	19 廿九	20 二月	21 春分	22 初三
13	23 初四	24 初五	25 初六	26 初七	27 初八	28 初九	29 初十
14	30 十一	31 十二					

2015年4月

周	一	二	三	四	五	六	日
14			1 愚人节	2 十四	3 十五	4 十六	5 清明
15	6 十八	7 十九	8 复活节	9 廿一	10 廿二	11 廿三	12 廿四
16	13 廿五	14 廿六	15 廿七	16 廿八	17 廿九	18 三十	19 三月
17	20 谷雨	21 初三	22 初四	23 初五	24 初六	25 初七	26 初八
18	27 初九	28 初十	29 十一	30 十二			

2015年5月

周	一	二	三	四	五	六	日
18					1 劳动节	2 十四	3 十五
19	4 青年节	5 十七	6 立夏	7 十九	8 二十	9 廿一	10 母亲节
20	11 廿三	12 廿四	13 廿五	14 廿六	15 廿七	16 廿八	17 廿九
21	18 四月	19 初二	20 初三	21 小满	22 初五	23 初六	24 初七
22	25 初八	26 初九	27 初十	28 十一	29 十二	30 十三	31 十四

2015年6月

周	一	二	三	四	五	六	日
23	1 儿童节	2 十六	3 十七	4 十八	5 十九	6 芒种	7 廿一
24	8 廿二	9 廿三	10 廿四	11 廿五	12 廿六	13 廿七	14 廿八
25	15 廿九	16 五月	17 初二	18 初三	19 初四	20 端午节	21 父亲节
26	22 夏至	23 初八	24 初九	25 初十	26 十一	27 十二	28 十三
27	29 十四	30 十五					

2015年7月

周	一	二	三	四	五	六	日
27			1 建党节	2 十七	3 十八	4 十九	5 二十
28	6 廿一	7 小暑	8 廿三	9 廿四	10 廿五	11 廿六	12 廿七
29	13 廿八	14 廿九	15 三十	16 六月	17 初二	18 初三	19 初四
30	20 初五	21 初六	22 初七	23 大暑	24 初九	25 初十	26 十一
31	27 十二	28 十三	29 十四	30 十五	31 十六		

2015年8月

周	一	二	三	四	五	六	日
31						1 建军节	2 十八
32	3 十九	4 二十	5 廿一	6 廿二	7 廿三	8 立秋	9 廿五
33	10 廿六	11 廿七	12 廿八	13 廿九	14 七月	15 初二	16 初三
34	17 初四	18 初五	19 初六	20 七夕	21 初八	22 初九	23 处暑
35	24 十一	25 十二	26 十三	27 十四	28 中元节	29 十六	30 十七
36	31 十八						

2015年9月

周	一	二	三	四	五	六	日
36		1 十九	2 二十	3 廿一	4 廿二	5 廿三	6 廿四
37	7 廿五	8 白露	9 廿七	10 教师节	11 廿九	12 三十	13 八月
38	14 初二	15 初三	16 初四	17 初五	18 初六	19 初七	20 初八
39	21 初九	22 初十	23 秋分	24 十二	25 十三	26 十四	27 中秋节
40	28 十六	29 十七	30 十八				

2015年10月

周	一	二	三	四	五	六	日
40				1 国庆节	2 二十	3 廿一	4 廿二
41	5 廿三	6 廿四	7 廿五	8 寒露	9 廿七	10 廿八	11 廿九
42	12 三十	13 九月	14 初二	15 初三	16 初四	17 初五	18 初六
43	19 初七	20 初八	21 重阳节	22 初十	23 十一	24 霜降	25 十三
44	26 十四	27 十五	28 十六	29 十七	30 十八	31 十九	

2015年11月

周	一	二	三	四	五	六	日
44							1 万圣节
45	2 廿一	3 廿二	4 廿三	5 廿四	6 廿五	7 廿六	8 立冬
46	9 廿八	10 廿九	11 光棍节	12 十月	13 初二	14 初三	15 初四
47	16 初五	17 初六	18 初七	19 初八	20 初九	21 初十	22 小雪
48	23 十二	24 十三	25 十四	26 感恩节	27 十六	28 十七	29 十八
49	30 十九						

2015年12月

周	一	二	三	四	五	六	日
49		1 二十	2 廿一	3 廿二	4 廿三	5 廿四	6 廿五
50	7 大雪	8 廿七	9 廿八	10 廿九	11 十一月	12 初二	13 初三
51	14 初四	15 初五	16 初六	17 初七	18 初八	19 初九	20 初十
52	21 十一	22 冬至	23 十三	24 平安夜	25 圣诞节	26 十六	27 十七
53	28 十八	29 十九	30 二十	31 廿一			